江戸時代大百科 ②大百科

江戸の町と人々のくらし

監修：小酒井大悟 東京都江戸東京博物館 学芸員

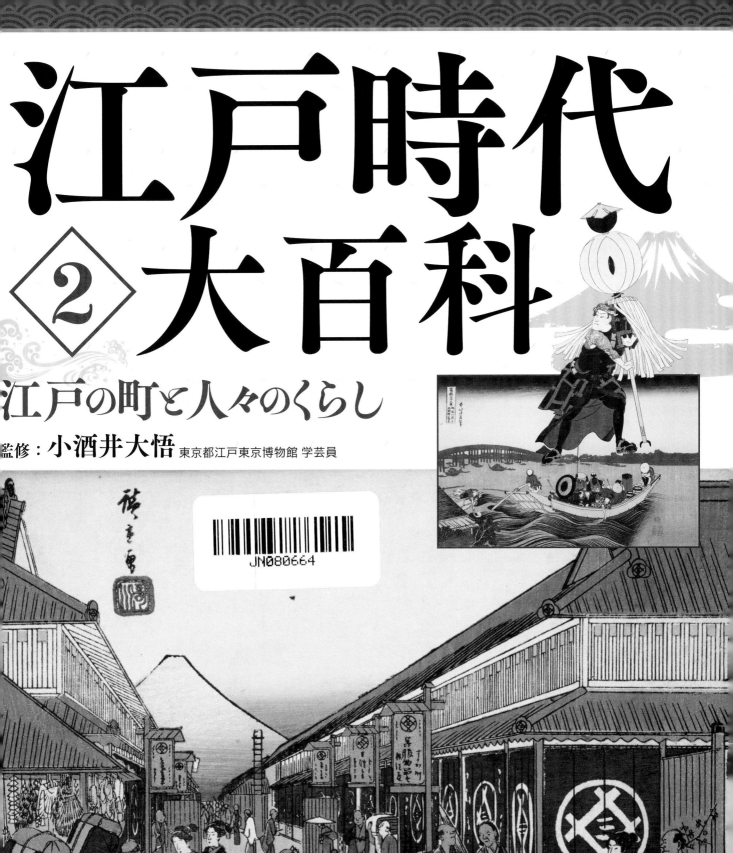

ポプラ社

② 江戸時代大百科

江戸の町と人々のくらし

もくじ

第3章◆江戸の名所めぐり

出典

表紙
①歌川広重「東都名所 駿河町之図」国立国会図書館 蔵
②歌川国安「日本橋魚市繁栄図」国立国会図書館 蔵
③葛飾北斎「葛飾北斎 富嶽三十六景 御厩川岸より両国橋夕陽見」シカゴ美術館 蔵
④歌川広重「東海道 一 五十三次 日本橋」ミネアポリス美術館 蔵
⑤鳥文斎栄之「青楼美人六花仙 扇屋花扇」メトロポリタン美術館 蔵
⑥歌川広重「名所江戸百景 する賀てふ」シカゴ美術館 蔵
⑦歌川芳虎「江戸の花子供遊び 一番組に組」国立国会図書館 蔵

扉（上から）
歌川芳虎「江戸の花子供遊び 一番組に組」国立国会図書館 蔵
葛飾北斎「葛飾北斎 富嶽三十六景 御厩川岸より両国橋夕陽見」シカゴ美術館 蔵
歌川広重「東都名所 駿河町之図」国立国会図書館 蔵

もくじ（上から）
P.2
喜田川季荘『守貞謾稿 6巻』国立国会図書館 蔵
歌川広重「名所江戸百景 両国橋大川ばた」シカゴ美術館 蔵
歌川芳春「大坂下り早竹虎吉」メトロポリタン美術館 蔵
歌川広重「東都名所 日本橋真景并ニ魚市全図」国立国会図書館 蔵
P.3
歌川広重「東都名所 亀戸梅屋敷ノ図」ミネアポリス美術館 蔵
橋本養邦『江戸年中風俗之絵』国立国会図書館 蔵
歌川広重「六十余州名所図会 江戸 浅草市」国立国会図書館 蔵
曲亭馬琴『近世流行商人狂哥絵図』国立国会図書館 蔵

この本の使い方

『江戸時代大百科』は、江戸時代について知りたいテーマごとに調べることができるシリーズです。2巻では、江戸の町がどのように発展していったのか、また、江戸の町ではどんな人が、どんなくらしをしていたのかなどを紹介しています。

●本文中に「➡○ページ」や「➡○巻」とある場合、関連する内容が別のページや他の巻にあることを示しています。

●本書では、年を西暦で記しています。明治5年までは、日本暦と西暦とは1か月ていどの違いがありますが、年月日はすべて日本暦をもとにし、西暦に換算していません。元号を表記する必要があるときには、「寛永年間（1624〜1645年）」のように西暦をあわせて示しています。

●この本では江戸時代について、おもに17世紀ごろを前期、18世紀ごろを中期、19世紀ごろを後期、とくに1853年ごろからを末期としてあらわしています。

ものしりコラム

本編の内容にかかわる、読むとちょっとものしりになれるコラムを掲載しています。

●**人物**
江戸時代に活躍した人物について紹介しています。

●**もの**
江戸時代に生まれたり、かかわりがあったりするものについて紹介しています。

●**こと**
江戸時代におこったできごとや事件について紹介しています。

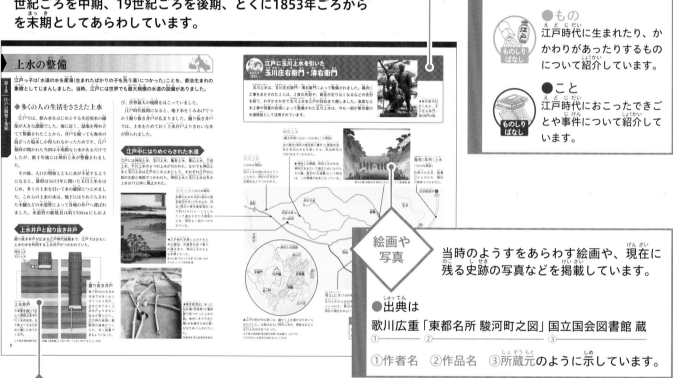

絵画や写真

当時のようすをあらわす絵画や、現在に残る史跡の写真などを掲載しています。

●出典は

歌川広重「東都名所 駿河町之図」国立国会図書館 蔵
　①　　　　②　　　　　　③

①作者名　②作品名　③所蔵元のように示しています。

データや図表

●グラフや表では、内訳をすべてたし合わせた値が合計の値にならなかったり、パーセンテージの合計が100％にならない場合があります。これは数値を四捨五入したことによる誤差です。

●出典は

竹内誠 監修『江戸時代館』（小学館、2011年）「江戸
　①　　　　　②　　　　　　③　　　④
時代の人口推移」
　　　⑤

①著者・監修者名　②書籍などのタイトル　③出版社
④出版年　⑤グラフや図表のタイトル
のように示しています。

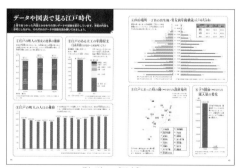

●44〜45ページには、本編の内容にかかわるデータや図表を掲載する「データや図表で見る江戸時代」をもうけています。本文中に「➡P.44③江戸の町人の人口の推移」とある場合、44ページの③に関係のあるデータや図表が掲載されています。

はじめに

　このシリーズでとりあげる「江戸時代」とは、江戸に全国を治める幕府があった時代のことをいいます。関ヶ原の戦いに勝利した家康が将軍となり、江戸に幕府を開いたのが1603年。ここから最後の将軍・徳川慶喜が1867年に政権を返上するまでの265年間が江戸時代です。

　それでは、江戸時代とはいったいどのような時代だったのでしょうか。もっとも大きな特徴は、平和な時代であったということです。1614〜1615年の大坂の陣や1637年の島原の乱などをのぞけば、大きな戦乱がおこることなく、幕府の支配が長く続きました。これは世界の歴史のなかでも、たいへんまれなことでした。

　こうした平和のもとで、江戸時代には経済が大きく発展し、ゆたかな文化が育まれていきました。今日のわたしたちが伝統的なものとしてとらえている産業や文化、ものの考え方や生活習慣のなかには、江戸時代にはじまったものが少なくありません。江戸時代は、わたしたちのくらしや社会の基礎になっているわけです。一方で現代には引き継がれなかったことがらも、いくつもあります。

　このような江戸時代は、近すぎず、そうかといって遠すぎない過去であり、現代といろいろな面をくらべることができる、よい鏡といえます。江戸時代をふり返り、学ぶことは、現代のわたしたちのくらしや社会を知ることにつながりますし、よりよい未来を考え、創っていくうえで、活かせることや手がかりになることも見つけられるはずです。

　このシリーズでは、江戸時代について幕府のしくみ、江戸の町、交通、産業、外交と貿易、文化といったテーマをあつかっています。2巻では、幕府が開かれ、18世紀初めには推定人口100万人といわれる世界屈指の大都市に発展した江戸の成り立ちや、そこでの人々のくらしをみていきます。

　このシリーズが、江戸時代のことに興味をもち、くわしく知ろうとするみなさんの、よい手引きとなれば幸いです。

日本史年表

縄文時代
約1万2000年前〜
約2500年以前

弥生時代
約2500年以前〜
約1700年前

古墳時代・飛鳥時代
約1700年前〜710年

奈良時代
710年〜794年

平安時代
794年〜1185年

鎌倉時代
1185年〜1333年

室町時代
1338年〜1573年

戦国時代
1467〜1573年

安土桃山時代
1573年〜1603年

江戸時代
1603年〜1867年*

明治時代
1868年〜1912年

大正時代1912年〜
1926年

昭和時代
1926年〜1989年

平成時代
1989年〜2019年

令和
2019年〜

＊江戸時代を1868年までとしている年表もあります。

江戸の町ができるまで

江戸は海に近く、徳川家康によって開発が進められるまで地方の都市のひとつでした。そこからどのようにして世界有数の都市にまで発展したのか、水とのかかわりを中心に見てみましょう。

◆町づくりは水との戦い

徳川家康が一大名として江戸にやってきた1590年、江戸はまだ湿地が広がる地方の一都市でした。室町時代に太田道灌が築いた江戸城はありましたが、規模は小さく、城の目の前には日比谷入り江とよばれる入り江が広がっていました。

家康は1603年に江戸幕府を開くと、各地の大名を総動員し、江戸城とその周辺の地域の開発を進めました。中心となったのは水にかかわる工事で、物資を運ぶために堀をつくったり、飲み水を確保するために上水を整備したり、土地を広げるために日比谷入り江を埋め立てたりしました。これらの工事は家康以後の将軍のもとでも続けられ、江戸は世界有数の大都市へと生まれ変わりました。

利根川の流れを変えた 利根川は、もとは江戸湾(現在の東京湾)に流れこんでいた。徳川家康は水害をふせぐ、新しく水田をつくる新田開発を進める、舟運をさかんにするなどの目的で、利根川の流れを東に変える工事をおこなった。

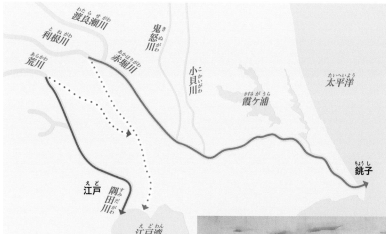

地図の見方	
—— 新しい利根川の流れ	⋯⋯ もとの利根川の流れ
—— 新しい荒川の流れ	⋯⋯ もとの荒川の流れ

◀利根川と荒川の流れを分け、利根川の河口を銚子(現在の千葉県銚子市)へと変えた。工事は1594～1654年の60年にわたっておこなわれた。

国土交通省 関東地方整備局 利根川上流河川事務所「利根川の東遷」(2013年)をもとに作成

▶利根川から水の流れを分けるため、赤堀川という人工の川をつくる工事のようす。この工事の完成によって、年間を通して銚子と江戸が船でむすばれるようになった。

埼玉県立文書館所蔵 田口(栄)家文書No.1797「[下総国赤堀川切広之図]」

江戸の開発と広がり

幕府は海を埋め立てたり、堀を開いたりして、人々がくらすための土地や、生活に必要な物資を運ぶルートを整備した。その結果、江戸は約100年で大きくそのすがたを変えた。

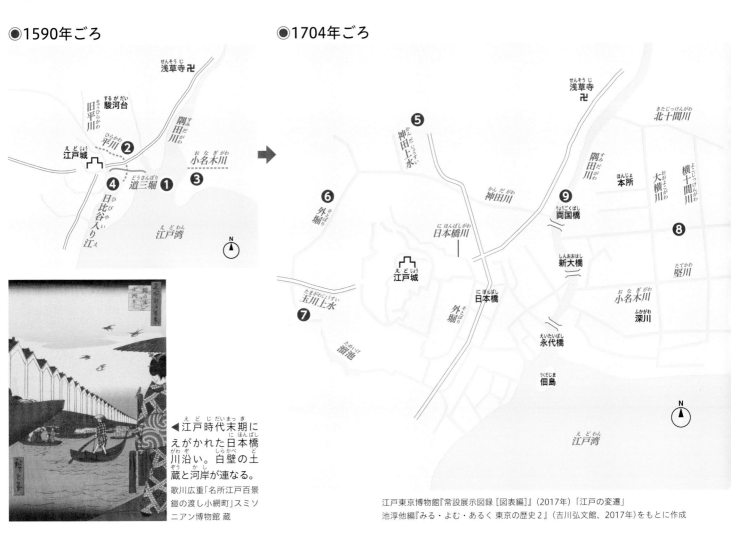

◉1590年ごろ

◉1704年ごろ

▲江戸時代末期にえがかれた日本橋川沿い。白壁の土蔵と河岸が連なる。

歌川広重「名所江戸百景 鎧の渡し小網町」スミソニアン博物館 蔵

江戸東京博物館『常設展示図録［図表編］』（2017年）「江戸の変遷」
池享他編『みる・よむ・あるく 東京の歴史2』（吉川弘文館、2017年）をもとに作成

おもな工事の内容

❶道三堀を開く（1590年）
道三堀は、江戸湾と日比谷入り江（現在の丸の内から新橋にかけて広がっていた入り江）をつなぐ水路。江戸城へものを運ぶために開かれた。

❷日本橋川の誕生（1590年）
道三堀を開くとともに、日比谷入り江に注いでいた平川の流れを変え、道三堀に合流させた。この工事でできた水路が日本橋川とよばれるようになる。日本橋川の川岸には、多くの河岸（船の荷物の揚げ降ろしをする港）がつくられた。

❸小名木川を開く（1590年）
製塩がさかんだった行徳（現在の千葉県市川市）から塩を運ぶために、人口の水路として開かれた。

❹日比谷入り江の埋め立て（1592～1607年）
江戸城の築城工事ででた土や、現在の駿河台にあった丘陵の土を使って埋め立てた。埋立地には大名屋敷などが建てられた。

❺神田上水を開く（1624～1645年ごろ）
神田上水は、井の頭池（現在の東京都三鷹市）などを水源とする上水道。生活用水の確保のためにつくられた（➡P.8）。

❻外堀の整備（1635～1636年）
江戸城の防衛や、水路の整備のために外堀がつくられた。

❼玉川上水を開く（1654年）
玉川上水は、多摩川の水を羽村（現在の東京都羽村市）で引く上水道。生活用水の不足を補うために整備された（➡P.8）。

❽本所・深川で運河を開く（1659～1661年）
北十間川や竪川など、本所・深川に多くの運河が整備され、水運がさかんになった。

❾両国橋をかける（1659～1661年）
明暦の大火（➡P.12）の際、多くの人が隅田川を渡れずなくなったことから、防火や防災を目的に両国橋がかけられた。

＊1 太田道灌…室町時代中期の武将。1457年に江戸城を築いた。

上水の整備

第1章 江戸の開発と発展

江戸っ子は「水道の水を産湯（生まれたばかりの子を洗う湯）につかった」ことを、都会生まれの象徴としてじまんしました。当時、江戸には世界でも最大規模の水道の設備がありました。

◆多くの人の生活をささえた上水

江戸では、飲み水をはじめとする生活用水の確保が大きな課題でした。海に近く、湿地を埋め立てて整備されたことから、井戸を掘っても海水の混ざった塩水しか得られなかったためです。江戸幕府が開かれた当初は小規模な上水があるだけでしたが、数十年後には神田上水が整備されました。

その後、人口の増加とともに水が不足するようになると、幕府は1653年に開いた玉川上水をはじめ、多くの上水を引いて水の確保につとめました。これらの上水の水は、地下にはりめぐらされた木樋などの水道管によって各地の井戸へ運ばれました。水道管の総延長は約150kmにもおよび、世界最大の規模をほこっていました。

江戸時代後期になると、地下水をくみあげてつかう掘り抜き井戸が広まりました。掘り抜き井戸では、上水をためておく上水井戸よりきれいな水が得られました。

江戸中にはりめぐらされた水道

江戸には神田上水、玉川上水、亀有上水、青山上水、三田上水、千川上水の6つの上水が引かれた。なかでも神田上水と玉川上水は江戸の二大上水として、それぞれ江戸中心部の北部と南部でつかわれた。神田上水と玉川上水以外の上水は1722年に廃止された。

玉川上水（1653年開設）
多摩川の水を羽村（現在の東京都羽村市）で引き込み、四谷（現在の東京都新宿区）まで約43キロメートルにわたって通水させた大規模な上水。現在も一部がつかわれている。

◀江戸時代末期にえがかれた井の頭池。武蔵野台地で最大の湧水池で、神田上水のおもな水源となった。

歌川広重「名所江戸百景 井の頭の池弁天の社」シカゴ美術館 蔵

上水井戸と掘り抜き井戸

掘り抜き井戸が広まる江戸時代後期まで、江戸ではおもに上水の水を利用する上水井戸がつかわれていた。

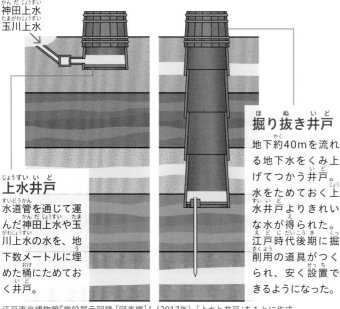

神田上水
玉川上水

掘り抜き井戸
地下約40mを流れる地下水をくみ上げてつかう井戸。水をためておく上水井戸よりきれいな水が得られた。江戸時代後期に掘削用の道具がつくられ、安く設置できるようになった。

上水井戸
水道管を通じて運んだ神田上水や玉川上水の水を、地下数メートルに埋めた桶にためておく井戸。

江戸東京博物館『常設展示図録［図表編］』(2017年)「上水と井戸」をもとに作成

◀東京都港区にあった仙台藩（宮城県）の藩邸跡で見つかった上水の跡。地中に木でできた樋（水を通すための管）がはりめぐらされていた。

写真提供 東京都教育委員会

江戸に玉川上水を引いた
玉川庄右衛門・清右衛門

◀東京都羽村市にある、玉川庄右衛門・清右衛門の像。

　玉川上水は、玉川庄右衛門・清右衛門によって整備されました。幕府に工事をまかされた2人は、2度の失敗や、資金が足りなくなるなどの苦労を経て、わずか8か月で玉川上水を江戸の四谷まで通しました。高度な土木工事や測量の技術によって整備された玉川上水は、今も一部が東京都の水道施設として活用されています。

神田上水
(寛永年間(1624〜1645年)ごろ開設)
井の頭池(現在の東京都三鷹市)と善福寺池、妙正寺池の水を水源とする。明治時代の1901年までつかわれた。

▶神田上水懸樋。神田上水の水を、神田川をまたいで通すためにかけられた樋。東京の「水道橋」という地名は、この懸樋が由来となっている。

歌川広重「東都名所 御茶之水之図」シカゴ美術館 蔵

千川上水
(1696年開設)
玉川上水の流れを分けてつくられた。現在の文京区や台東区などでつかわれた。

亀有(本所)上水
(1659年開設)
利根川の支流、綾瀬川から引かれ、隅田川東岸でつかわれた。

瓦曾根溜井

羽村

妙正寺池

善福寺池
井の頭池

多摩川

王子

板橋

上野

浅草

本郷

隅田川

四谷

江戸城

神田

本所

渋谷

京橋

深川

亀戸

品川

江戸湾

竹内誠 監修『江戸時代館』(小学館、2011年)「江戸の6上水」をもとに作成

神田上水懸樋
神田川
隅田川
半蔵門
江戸城
日本橋
京橋
虎ノ門
江戸湾

青山上水(1660年開設)
玉川上水から水の流れを分けてつくられた。青山や赤坂など、現在の港区を中心につかわれた。

三田上水(1664年開設)
玉川上水から水の流れを分けてつくられた。現在の世田谷区や渋谷区、港区などでつかわれた。

▲江戸の町の中心部には、細かく上水道がはりめぐらされていた。北部はおもに神田上水の、南部はおもに玉川上水の水をつかった。

江戸東京博物館『常設展示図録 [図表編]』(2017年)「江戸府内上水使用分布図」をもとに作成

地図の見方
神田上水	亀有(本所)上水	三田上水
玉川上水	青山上水	千川上水

9

武士を中心とした町づくり

江戸に幕府が開かれてすぐ、江戸城の築城と城下町（城を中心につくられた町）の整備が進められました。完成した城下町は、江戸城を中心とする要塞のような町でした。

◆江戸城を守るための町づくり

1635年、3代将軍家光は武家諸法度を改め、大名が領地と江戸を1年ごとに行き来する参勤交代の制度を定めました。参勤交代をきっかけに、➡①巻すべての大名に江戸でくらすための土地があたえられ、大名とその家族、家臣がくらすための大名屋敷が次々と建てられました。

これらの大名屋敷や、旗本がくらす旗本屋敷など➡①巻の武家屋敷は、江戸城を取り囲むように配置されました。同じ時期に、城の外堀の工事も進められました。江戸に攻めこまれても対応できるよう、守りを固めたのです。

町づくりが進むにつれて、工事をになう職人や、武士のくらしを支える商人など、町人の人口も増えていきました。江戸城の東には、武士がくらす武家地をはさみ、町人がくらす町人地がつくられました。こうして1640年代には、江戸は江戸城と武家地を中心とする城下町として、一度完成したのです。

17世紀初めごろの江戸

1632年にえがかれた江戸の町。幕府が開かれてから約30年で、武士を中心とする城下町に発展した。

江戸城
幕府が開かれた1603年に本格的な改築がはじまり、家光が将軍だった1636年に完成した。工事には全国の大名が動員された。

親藩・譜代大名の屋敷
江戸城の周辺には、尾張徳川家、紀伊徳川家、水戸徳川家をはじめとする親藩大名や譜代大名（➡1巻）の大名屋敷が置かれた。

外様大名の屋敷
江戸城の南にあたる外桜田門や霞が関、永田町には、米沢藩上杉家や仙台藩伊達家などの有力な外様大名（➡1巻）の大名屋敷が置かれた。

外堀
江戸城の外堀。1636年に完成した。多くの橋とともに、見附とよばれる見はりのための門が置かれた。

旗本屋敷
江戸城の北には旗本の屋敷が置かれ、江戸城の守りをになった。

町人地
日本橋や京橋には、町人がくらす町人地がもうけられた。全国から職人や商人が集まった。

地図の見方
- ■ 大名
- ■ 旗本
- □ 大名の家臣
- ■ その他

江戸東京博物館『常設展示図録［図表編］』（2017年）「寛永期の武家地」をもとに作成
「武州豊嶋郡江戸庄圖」東京都立図書館特別文庫室 蔵を加工

福井藩松平家の大名屋敷

大名屋敷は大名やその妻子、家臣たちの住まいであるとともに、将軍や他の大名をもてなす場でもあり、非常に華やかなものだった。明暦の大火（➡P.12）の後は、質素なつくりになった。

◉大広間

▲金箔や絵画で飾られた大広間。

黒書院
大名が居間としてつかったり、家来や親しい客と対面したりした場所。

長屋
大名に仕える武士たちの住まい。数百から千人ほどの武士たちがくらしていた。➡P.21

大台所
大名屋敷にくらす人々の食事を用意した場所。

御成書院
将軍が大名屋敷を訪れたときに、将軍の居間や対面の場所としてつかわれた。

土蔵

居間

長屋

物置

長屋

玄関

台所門
藩主が出入りした門。

矢倉
見はりのための建物。この大名屋敷では四方の角にもうけられている。

庭園
将軍や他の大名などが屋敷を訪れたときにもてなせるよう、豪華な庭園がつくられた。

約130m

約189m

▲親藩である福井藩松平家の大名屋敷。江戸城本丸の大手門の前にあったが、明暦の大火で焼失した。

◉能舞台

▲江戸時代、能は重要な儀式のときに催される芸能だった。そのため大名をはじめ、武士は教養として能をたしなんでいた。

◉御成門

▲「御成」とよばれる、将軍が大名屋敷を訪れるときのみ使われる門。大名たちは将軍への歓迎の気持ちを表すため、この門の華やかさを競った。

「福井藩江戸上屋敷CG映像」福井県制作映像をもとに加工

11

火事が変えた町のすがた

江戸幕府が開かれてから約50年後の1657年におこった明暦の大火とよばれる火事は、江戸の町の大部分を焼きつくし、その後の町のすがたやしくみを大きく変えました。

◆江戸は火事の町

江戸では「火事と喧嘩は江戸の華」といわれるほど、火事がよくおこりました。江戸の町の大半を焼きつくす大規模な火事だけでも、江戸時代を通して10件以上おこったとされます。

大規模な火災がたびたびおこった原因は、当時は建物の多くが燃えやすい木造だったこと、冬に強い季節風[*1]が吹くこと、そして江戸の人口密度が高かったことにあります。町人たちは密集した長屋でくらしており、そこで火災が発生すると、火
➡P.22

がすぐに燃え移り、かんたんには消火できなかったのです。

このようにして発生した火事のうち、1657年の明暦の大火は、江戸の町の大半を焼きつくし、多くの死者を出したことから、江戸時代最大の火事として知られています。

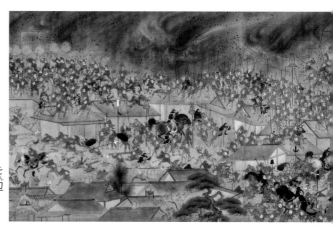

▶明暦の大火のようす。消火にあたっているのは、大名が消火の指揮をとる大名火消。1641年の桶町火事の後、江戸城や武家屋敷、その周辺を守るために16家の大名が大名火消に任命され、消火にあたっていた。

田代幸春「江戸火事図巻」江戸東京博物館 蔵

江戸でおこったおもな火事

大規模な火災では、数千、数万人の死者が出たこともあった。ここにあげていない小さな火事も多く、江戸時代を通じて江戸では2000件の火事がおこったという説もある。

年	火事	火元	被害
1641年	桶町火事	京橋桶町	死者数百人。江戸で最初の大規模な火事とされる。大名火消を設置するきっかけとなった。
1657年	明暦の大火	本郷丸山など	江戸の町の6割が焼け、江戸城の本丸も焼失。死者は3〜10万人といわれ、江戸時代で最大の被害を出した火事とされる。
1698年	勅額火事	新橋南鍋町	千住(➡P.17)まで焼けた。大名・旗本の屋敷合わせて300軒焼失。町屋約2万棟焼失。上野の寛永寺(➡P.37)中堂が焼失。
1703年	水戸様火事	小石川(➡P.17)の水戸藩邸	本郷(➡P.17)や浅草のほか、両国橋を焼いて本所、深川(➡P.17)まで焼けた。大名屋敷約300軒、町屋約2万棟が焼失。
1772年	目黒行人坂の大火	目黒行人坂の大円寺	盗みを目的に、僧侶が火をつけたとされる。日本橋から千住まで焼けた。死者・行方不明者合わせて約1万8000人。
1806年	文化丙寅火事	芝車町	京橋、日本橋、神田、浅草の一帯が焼けた。死者1000人以上。
1829年	文政の大火	神田佐久間町の材木小屋	日本橋、京橋、芝の一帯が焼けた。死者約2800人。
1855年	地震火事	(20か所以上)	安政江戸地震により各地で出火。死者約3800人。

*1季節風…季節によって吹き方や吹く方向が変わる風。日本には夏には南東から、冬には北西からの季節風が吹く。

明暦の大火による被害

明暦の大火とよばれているのは、江戸で1657年1月18〜20日におこった3件の火事。雨が降らない日が80日以上続いて乾燥していたこともあり、火はまたたくまに燃え広がり、市街地の約6割が焼失した。

地図の見方

🔥 出火地点
↘ 風向き

■ 第1の火事の焼失地域
■ 第2の火事の焼失地域
■ 第3の火事の焼失地域

北西の風

北西の風

第1の火事 （発生）
火元：本郷丸山の本妙寺
日時：1月18日
　　　午後1時ごろ

死者多数
場所：浅草橋門周辺
死者：2万3000人

上野

浅草

第2の火事 （発生）
火元：小石川新鷹匠町
　　　大番(江戸の警備にあたる役職)の与力(➡P.19)の屋敷
日時：1月19日午前11時ごろ

焼失
神田にあった東本願寺が焼失。

神田 卍

隅田川

浅草橋門

焼失
日本橋にあった西本願寺が焼失。

卍

焼失
江戸城の天守、本丸、二の丸、三の丸が焼失。

小伝馬町

日本橋

焼失
日本橋にあった吉原(元吉原)や芝居小屋が焼失。

第3の火事 （発生）
火元：麹町5丁目の町屋
日時：1月19日
　　　午後4時ごろ

江戸城

第1の火事 （焼け止まり）
日時：1月19日
　　　午前2時ごろ

霊岸島

死者多数
場所：霊岸島
死者：9600人

西の風

焼失
麹町にあった山王社(日枝神社)が焼失。

麹町

京橋

死者多数
場所：京橋周辺
死者：2万6000人あまり

第2の火事 （焼け止まり）
日時：1月19日
　　　午後6時ごろ

火事の発生と鎮火の時刻

3件の火事は1月18日から20日にかけて、それぞれ別の場所で、立て続けにおこった。

		第1の火事	第2の火事	第3の火事
18日	午前 1:00	●		
	午後	↕		
19日	午前 2:00	●		
	11:00		↕	
	午後 4:00 6:00		●	
20日	午前 8:00			●

第3の火事 （焼け止まり）
日時：1月20日
　　　午前8時ごろ

江戸湾

芝

▶出島のオランダ商館長(➡5巻)とともに江戸をおとずれていた外国人がえがいた、日本橋周辺の被害のようす。一面が焼け野原となっている。
「1657年3月4日火事にあった江戸市街の図」江戸東京博物館 蔵

江戸東京博物館『常設展示図録[図表編]』(2017年)「明暦の大火 焼失地図」ほか をもとに作成
＊時刻は現在の表し方に換算した。
＊死者の数は浅井了意『むさしあぶみ』による。
＊焼失地域は推定をふくむ。

13

◆防災と新しい町づくり

明暦の大火後、幕府はまず江戸城の再建に取りかかりました。ただし、江戸の町の復興を優先するため、本丸の天守は再建されませんでした。

その後、火事から江戸城や町を守るため、江戸城周辺の武家屋敷や寺社を遠方へ移したり、広小路というはばの広い道路をもうけたり、隅田川に橋をかけたりと、町のすがたを大きく変えるような工事を次々とおこないました。

また、消火活動にあたる組織も見直されました。江戸時代の消火活動は、燃えている場所の周辺の建物を壊して、火が燃え移らないようにすることでした。この任務にあたったのが、火消とよばれる人々です。大名からなる大名火消だけでは火事に対応できないことがわかったことから、幕府は旗本に命じて定火消を設置しました。18世紀に入ってからは、町人からなる町火消が活躍するようになりました。

本格的な火消の設置

明暦の大火後に組織されたのは4家の旗本からなる定火消で、それぞれに火消用の屋敷をあたえ、常に火消を置かせて、火事がおきたらすぐ出動できるようにした。1720年には町奉行、大岡忠相によって町人からなる町火消が設置された。

◀定火消の火消屋敷に設置された火の見やぐら。大きな太鼓と鐘が取りつけられ、常に2人の見張り番が周辺を監視していた。この絵は江戸時代末期にえがかれたもの。
鬼蔦斎『鎮火安心圖巻』国立国会図書館 蔵

町火消

鳶とよばれる、高所で建設作業にあたる職人が中心となって活動した。

纏

火事のとき、火を消す場所の目印としてつかわれた道具。纏持ちとよばれる係は火事場の屋根などにのぼり、この纏を振りかざして他の火消たちをふるいたたせた。組ごとにデザインが異なり、どの組が活動しているかひと目でわかる。

刺青

火消のなかには、物語や歴史上の英雄や、龍、虎など、勇ましさをあらわすような刺青をほる者が多かった。

歌川芳虎「江戸の花子供遊び 一番組に組」国立国会図書館 蔵

刺子半纏

厚手の綿布を縫い合わせて、細かく刺子（補強のための刺しゅう）をほどこした上着。水を吸わせて、火が燃え移らないようにした。

町火消の配置（江戸時代中期）

いろは四十八組		本所・深川十六組	
△一番組	●二番組	▲北組	■中組
●三番組	□五番組	★南組	
△六番組	■八番組		
○九番組	★十番組		

江戸東京博物館『常設展示図録［図表編］』（2017年）「町火消の配置」をもとに作成

▲「いろは四十八組」と「本所・深川十六組」の計64組からなる。もとは町人が自分たちで町を守れるよう組織されたが、やがて武家地や江戸城内での消火も認められ、18世紀半ばには江戸の消火活動で中心的な役割を果たすようになった。

江戸の町の大改造

明暦の大火からの復興は、町を元通りにするのではなく、災害に強い町を目指して進められた。武家屋敷や寺社が遠方へ移転したり、橋がかけられたりしたことで、本所・深川のような江戸城から遠い地域の開発が進み、その後の江戸の町の発展につながった。

●広小路の設置

火が燃え広がらないよう、また、人々が避難しやすいようにもうけられた。しだいに仮設の店舗が立ちならぶようになり、多くの人でにぎわうようになった。

▲下谷広小路は現在、上野広小路とよばれ、6車線がもうけられた大きな道路となっている。

●橋の建設

反乱がおこるなどして江戸城がおそわれたときに備えて、隅田川には橋がかけられていなかった。明暦の大火のとき、川を渡れずなくなる人が多かったことから、両国橋をはじめとする橋がかけられた。

▲江戸時代末期にえがかれた両国橋。多くの人が橋を行きかい、橋のたもとには水茶屋が立ちならんでいる。（➡P.40）

歌川広重「名所江戸百景 両国橋大川ばた」シカゴ美術館 蔵

●本所・深川の開発

湿地だった本所・深川が開拓され、武家屋敷や寺社などの移転先となった。堅川などの運河が開かれて舟運がさかんになり、深川には木材の問屋が集まる木場ができた。

▲江戸時代後期にえがかれた、堅川と周辺の材木置き場。堅川は、1659年に隅田川と中川をむすぶ運河として開かれた。

葛飾北斎「富嶽三十六景 本所立川」メトロポリタン美術館 蔵

●築地の成立

江戸湾を埋め立てて築地がつくられた。西本願寺などの寺社が移転するとともに、多くの武家屋敷がつくられた。

●武家屋敷や寺社の移転

江戸城内にあった紀伊徳川家、尾張徳川家、水戸徳川家の御三家（➡1巻）の屋敷をはじめとする武家屋敷が移転となった。また、火を使う機会が多く、火事がおこりやすかった寺社も移転した。

町の広がりと人口の増加

1657年におこった明暦の大火後、江戸の町は復興とともにその範囲を広げ、世界でも有数の大規模な都市へと成長しました。

◆100万人がくらす大都市

江戸で明暦の大火からの復興が進められた時期は、→P.12、全国的に陸上や海上の交通網が発達し、ものの売り買いが地域をまたいでさかんにおこなわれるようになった時期でもありました。武士や、その生活を支える商人や職人が集まる江戸は国内最大の消費地で、大坂などから多くの物資が運ばれ→③巻てきました。江戸は全国的な物流の拠点のひとつとなり、物流にたずさわる商人や労働者の数も増えていきました。

18世紀初めには、町人の人口は約50万人に、江戸全体の人口は約100万人に達したとされます。江戸の町の範囲も、明暦の大火がおこったこ

ろの約4倍にまで広がりました。

世界有数の大都市となった江戸では娯楽や行事もさかんになり、文化の中心地としても発展していきました。

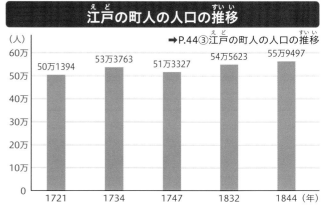

江戸の町人の人口の推移

→P.44③江戸の町人の人口の推移

（人）
- 1721年：50万1394
- 1734年：53万3763
- 1747年：51万3327
- 1832年：54万5623
- 1844年：55万9497

▲江戸で本格的に人口が調査されたのは1721年以降で、対象は町人のみだった。18世紀初めには武家地と寺社地に約50万人がくらしていたとされ、合わせて約100万人が当時の江戸の人口とされる。
幸田成友『幸田成友著作集』第2巻（中央公論社、1974年）「江戸の町人の人口」をもとに作成

江戸と世界の都市の広がり

江戸とロンドン（イギリス）、パリ（フランス）の範囲を、当時の地図などをもとに示したもの。江戸の町は、19世紀初めには江戸城を中心に4里*四方にまで広がった。同じ時期のロンドンやパリとくらべても、大きな都市だった。

◉江戸

隅田川
江戸城
0 1km

- 1644年ごろ
- 1818年ごろ

大石学『Jr. 日本の歴史5 天下泰平のしくみ 江戸時代』（小学館、2011年）「大きくなる江戸の町」をもとに作成

◉ロンドン

0 1km
バッキンガム宮殿
テムズ川

- 1660年ごろ
- 1820年ごろ

ジム・アントニュー『復原透し図 世界の都市』（三省堂、1995年）をもとに作成

◉パリ

0 1km
ルーブル宮殿
セーヌ川

- 1676年ごろ
- 1789年ごろ

ジム・アントニュー『復原透し図 世界の都市』（三省堂、1995年）をもとに作成

＊1里…距離の単位。1里は約4キロメートル。

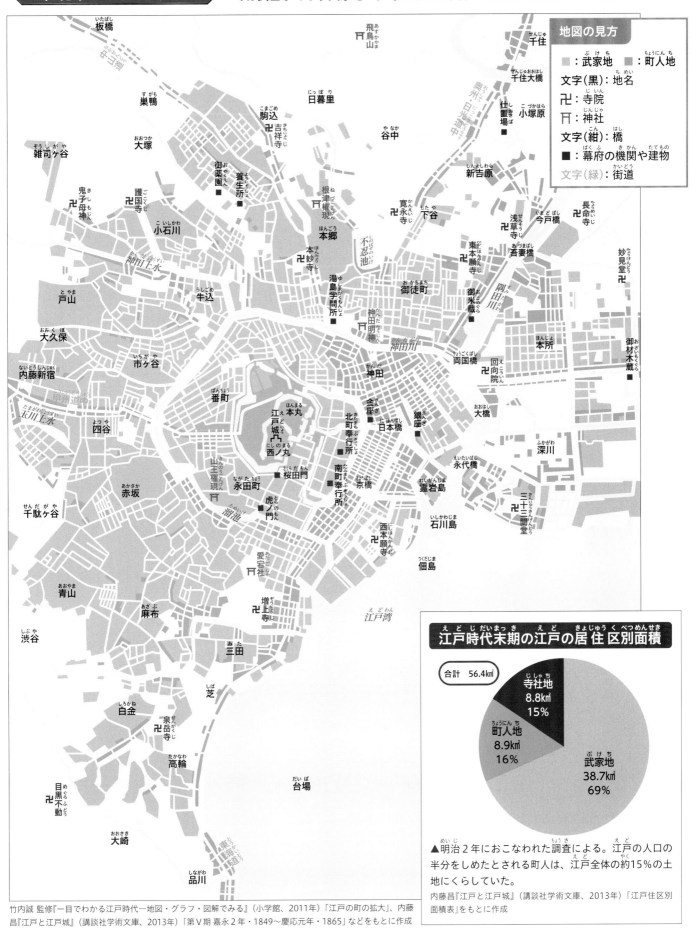

19世紀半ばごろの江戸の町

江戸時代の地図などをもとに、武家地と町人地を色分けした。江戸の大部分をしめたのは武士がくらす武家地で、町人地は日本橋や河川沿いに集まっていた。

地図の見方

- ▦：武家地　▦：町人地
- 文字（黒）：地名
- 卍：寺院
- 角：神社
- 文字（紺）：橋
- ■：幕府の機関や建物
- 文字（緑）：街道

江戸時代末期の江戸の居住区別面積

合計 56.4km²

- 寺社地 8.8km² 15%
- 町人地 8.9km² 16%
- 武家地 38.7km² 69%

▲明治2年におこなわれた調査による。江戸の人口の半分をしめたとされる町人は、江戸全体の約15％の土地にくらしていた。
内藤昌『江戸と江戸城』（講談社学術文庫、2013年）「江戸住区別面積表」をもとに作成

竹内誠 監修『一目でわかる江戸時代—地図・グラフ・図解でみる』（小学館、2011年）「江戸の町の拡大」、内藤昌『江戸と江戸城』（講談社学術文庫、2013年）「第Ⅴ期 嘉永2年・1849〜慶応元年・1865」などをもとに作成

江戸の町のしくみ

武家地、町人地、寺社地は、住んでいる人だけでなく、支配をする人もそれぞれ異なっていました。ここでは町人地を中心に、支配のしくみを紹介します。

◆複雑に分かれた支配のしくみ

　江戸の町のうち、武家地には大名、大名につかえる藩士、旗本・御家人などがくらしていました。大名や旗本は、石高や家の格式などに応じて幕府から屋敷をあたえられていました。御家人も役職ごとに組屋敷をあたえられました。

　町人地には商人や職人など、さまざまな職業の人がくらしていました。町人地は土地の所有や売り買いがゆるされていましたが、土地や家をもつ人は一部で、多くの町人はせまい長屋の一室を借りてくらしていました。➡P.23

　寺社地とは寺院や神社が集められた土地で、僧侶や神主などがくらしていたほか、寺社の境内や門前町となっていました。

　これらの土地は、それぞれ支配する役人が異なりました。武家地のうち大名屋敷は老中・大目付が、旗本屋敷・御家人屋敷は若年寄・目付が、寺社地は寺社奉行が、町人地は町奉行が管轄していました。このうち町奉行は、部下の与力・同心を指揮するとともに、町年寄などの町人からとり立てた町役人を通して町人地を支配していました。

▶江戸時代中期、8代将軍・吉宗の時代に活躍した町奉行、大岡忠相（図右上）。吉宗の享保の改革（➡1巻）をささえた。さまざまな逸話が生まれ、芝居の主人公にもなった。

豊原国周「扇音々大岡政談」東京都立図書館特別文庫室 蔵

町奉行の管轄

江戸の町のうち、町人地の政治や司法、警察、消防などを幕府からまかされていたのが町奉行。町奉行の管轄する範囲は、江戸の町の拡大とともに広がっていった。

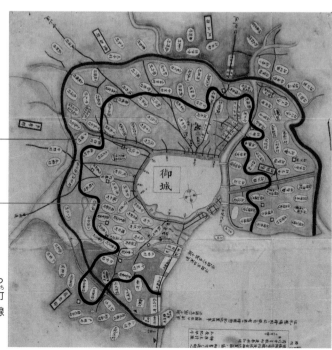

江戸の範囲

町奉行が管轄する範囲

▶1818年に、幕府が江戸の範囲をしめすためにつくった「江戸朱引内図」。赤い線は江戸の範囲を、黒い線は町奉行が管轄する範囲をしめしている。ただしこの黒い線の内側のうち、町奉行の権限がおよぶのは町人地のみ。

「旧江戸朱引内図」東京都公文書館 蔵

町奉行所と与力・同心

町奉行は2名選ばれ、北町奉行所と南町奉行所に1名ずつ配置された。どちらの奉行所も同じ範囲を管轄し、同じ内容の仕事をしていたが、おもな業務である訴訟の受けつけは1か月交代でおこなった。

町奉行所のおもな役職と仕事（江戸時代後期）

町奉行所の仕事にあたったのは、与力・同心とよばれる下級武士たち。時代によって人数や役割は変化した。

職名	おもな仕事の内容
年番方	・町奉行所全般の管理や、人員の配置の決定、お金の管理。
吟味方	・土地や財産など、個人どうしの争いの取り調べや解決。 ・殺人や盗みなどの事件の取り調べや刑の執行。
養生所見廻	・小石川養生所の管理。小石川養生所は8代将軍・吉宗が小石川にもうけた、貧しい人のための病院。
牢屋見廻	・小伝馬町にあった牢獄の取りしまり。
定橋掛	・幕府が設置した橋の維持・管理。
町会所見廻	・町役人の職場である町会所の管理。
町火消人足改	・町火消（→P.14）の消火活動を指揮。
風裂見廻	・強風が吹いているあいだ、見回りをして火災を予防する。
定廻	・犯罪の捜査や犯人の逮捕。
隠密廻	・変装して町を見回り、情報収集をする。

竹内誠 監修『江戸時代館』（小学館、2011年）「町奉行所の主な掛（江戸時代後期初頭）」をもとに作成

北町奉行所と南町奉行所（江戸時代末期）

江戸東京博物館『常設展示図録［図表編］』（2017年）「町奉行のしくみと仕事」をもとに作成

▲明治時代にえがかれた、江戸時代の容疑者の逮捕のようす。容疑者を逮捕するのは、同心や、同心が個人的に雇った「岡っ引き」とよばれる部下の役割だった。

藤田新太郎 編『徳川幕府刑事図譜』国立国会図書館 蔵

町の支配のしくみ

町人がくらす町人地は、表通りをはさんで家屋が向かい合う「町」とよばれる単位からなっていた。町を実際に運営していたのは、町屋敷（→P.22）をもっていたり、管理をまかされたりした町人たちだった。

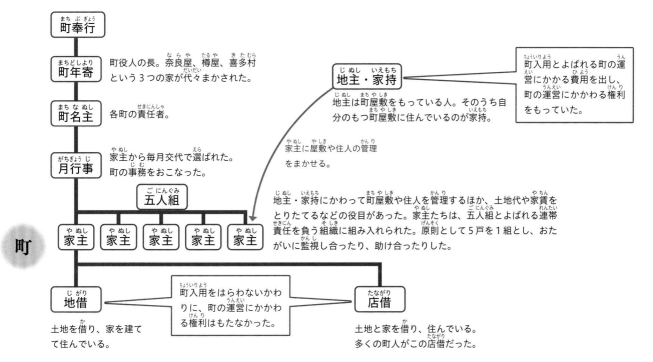

町奉行

町年寄 町役人の長。奈良屋、樽屋、喜多村という3つの家が代々まかされた。

町名主 各町の責任者。

月行事 家主から毎月交代で選ばれた。町の事務をおこなった。

五人組

家主　**家主**　**家主**　**家主**　**家主**

地主・家持 地主は町屋敷をもっている人。そのうち自分のもつ町屋敷に住んでいるのが家持。

町入用とよばれる町の運営にかかる費用を出し、町の運営にかかわる権利をもっていた。

家主に屋敷や住人の管理をまかせる。

地主・家持にかわって町屋敷や住人を管理するほか、土地代や家賃をとりたてるなどの役目があった。家主たちは、五人組とよばれる連帯責任を負う組織に組み入れられた。原則として5戸を1組とし、おたがいに監視し合ったり、助け合ったりした。

町

地借 土地を借り、家を建てて住んでいる。

町入用をはらわないかわりに、町の運営にかかわる権利はもたなかった。

店借 土地と家を借り、住んでいる。多くの町人がこの店借だった。

大名とその家臣のくらし

第2章 江戸の人々とくらし

各地の大名は、参勤交代のために1年おきに江戸の大名屋敷でくらしていました。大名やその家臣たちは、どんなくらしをしていたのでしょうか。

◆1年おきに江戸でくらした大名

　大名は江戸にいるあいだ、それぞれ幕府からあたえられた大名屋敷に妻や子、家臣たちとくらしていました。

　生活の中心となったのは、江戸城への登城です。大老や寺社奉行など、幕府の役職に就いたのは一部の大名のみで、ほかのほとんどの大名は決められた登城日に、江戸城で将軍へあいさつをしたり、儀式に参加したりすることがおもな仕事でした。江戸城や寺社の警備をしたり、火事のときに大名火消として消火にあたったりすることもありました。

　登城しない日は藩の政治にかかわる仕事をする

 こともありました。また本を読んだり、武芸のけいこをしたり、ほかの大名や旗本、学者や芸術家と交流したりするなど、自由に使うことができる時間もありました。なかには研究や芸術に熱心に取り組み、文化大名とよばれた大名もいます。

▲明治時代にえがかれた、元旦に江戸城へ向かう大名行列。登城日は毎月1日、15日、28日と正月、五節句（→P.27）と決められていた。
楊洲周延『千代田之御表 正月元日諸侯登城桔梗下馬』国立国会図書館 蔵

3種類の大名屋敷

明暦の大火の後、大名には上屋敷、中屋敷、下屋敷の3つの大名屋敷があたえられた。中屋敷や下屋敷は、上屋敷が火事で焼失するなどしたときのための予備の屋敷で、江戸城から離れた場所に置かれた。

中屋敷
大名の跡継ぎや引退した藩主などがくらした。江戸城から少し離れた場所に置かれた。火事などで上屋敷が焼失したときなどには、大名のすまいにもなった。

上屋敷
大名やその妻子、家臣たちのすまい。登城しやすいよう、江戸城の近くに置かれた。

下屋敷
別荘や物置、上屋敷や中屋敷が使えなくなったときのすまいなどとして使われた。江戸城から離れた場所に置かれ、大規模な庭園や、大名たちの食事をまかなうための菜園がもうけられた屋敷もあった。

隅田川

江戸城
霞ヶ関
赤坂
渋谷
白金

▲霞ヶ関にあった福岡藩黒田家の上屋敷。広さは約2万坪（約6万6000平方メートル）だったとされる。写真は明治時代初期に撮影されたとされているもの。
「霞ヶ関旧藩当時ノ黒田家後外務省」 画像提供：福岡市博物館 / DNPartcom

◆大名につかえた藩士のくらし

大名屋敷の長屋には、大名につかえる武士たちがくらしていました。大名が江戸にいないときも江戸でくらし、幕府やほかの藩とのやりとりをする留守居のような役職もありましたが、ほとんどが大名とともに江戸と国許(藩の領地)を行き来する、江戸詰とよばれる武士でした。

江戸詰は基本的に家族を国許に置いて、江戸へやってきました。すまいとして長屋があたえられ、わずかな生活費が支給される藩もありました。おもに国許と同じ仕事につき、重要な役職でなければ自由時間の多い毎日でした。

そのため江戸詰の武士のなかには、名所をめぐったり、外食をしたり、芝居を見物したり、人と交流したりと、江戸でのくらしを楽しむ者もいました。これらの観光や交流は、江戸と地方にたがいの文化をもたらすきっかけにもなりました。

長屋での生活

江戸時代後期に江戸詰を経験した久留米藩(福岡県)の武士たちが、当時をふりかえってえがかせた「久留米藩士 江戸勤番長屋絵巻」の一部。低い地位の武士は数人でひとつの長屋に同居していた。

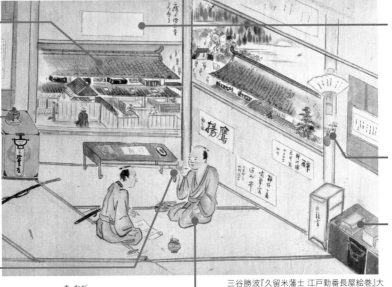

三谷勝波『久留米藩士 江戸勤番長屋絵巻』大川市立清力美術館 蔵

長屋
大きな大名屋敷では長屋の数も多く、町のように長屋がならんでいた。

香炉
香木(熱を加えると香りがたつ木)をたく道具。香木の香りを鑑賞する香道などに使われた。

煙管
たばこを吸うための道具。たばこは室町時代に日本に伝わり、江戸時代には身分や性別にかかわらず吸われていた。

着流し
男性が羽織や袴を身につけない服の着方を着流しという。くつろいだ場での服装で、武士も長屋のなかでは着流しでいる者もいた。

書
壁に多くの書がはりつけられている。平和な時代が続いたことで、武士のあいだでは書道や茶道、華道、俳句など、武道以外の習いごとが教養としてたしなまれた。

花
一輪挿しに花が生けられている。

本
読書をしてすごすことも多かった。小島藩(静岡県)の留守居で、『金々先生栄花夢』を書いた恋川春町(➡ 6巻)のように、みずから小説を執筆する者もいた。

ものしりばなし

仕事は1日4時間! 江戸のグルメを食べ歩き!
ある下級藩士の江戸ぐらし

江戸詰の藩士の生活は、時代やつかえる藩、役職などによって異なりますが、1860年に江戸詰となった紀州藩(和歌山県と三重県南部)の下級藩士、酒井伴四郎は、江戸での生活をまんきつしていたようです。酒井がつけた日記が残っており、勤務時間が少ないことや、藩から支給されたわずかな生活費をやりくりし、観光や食べ歩き、芝居見物、習いごとなどを楽しんでいたことがわかっています。

酒井の勤務日	6月	7月	8月	9月	10月	11月
1860年	6日	0日	13日	10日	7日	9日

酒井の仕事は、屋敷で小姓(大名の雑用をする係)に着付けを教えること。勤務は朝五つ(午前8時ごろ)から昼九つ(正午)までの約4時間で、午後は自由時間だった。

9月20日の日記 『酒井伴四郎日記』より、日付は旧暦

隅田川の東岸にある向島へ行き、三囲稲荷や牛御前(牛嶋神社)などを詣でた。茶屋で茶を飲み、桜もちを食べた。浅草で浅草寺を詣で、門前町でもち菓子と寿司、豆腐料理を食べた。長屋へ帰ると、安かったにんじんを買いこんで作り置きしておいた煮物がほとんどなくなっていた。同じ江戸詰として同居している叔父が食べてしまったという。数日間、ごはんのおともにする予定だったのだが…

町人のくらし

職人や商人、商店ではたらく奉公人など、江戸の人口の半分をしめる町人たちの多くは、長屋で身を寄せ合ってくらしていました。

◆人とのつながりを大切にする生活

町人がくらす町人地は、表通りをはさんで家屋が向かい合う「町」とよばれる単位からなっていました。表通りに面した側には商店が、その裏には長屋が建てられていました。この長屋が町人たちのおもな住まいでした。

長屋はひと棟を壁で数戸に区切った共同住宅です。一戸はたいへんせまく、部屋やそなえつけの収納はありません。薄い壁ごしに隣の家の会話が聞こえてくるような環境でした。井戸やごみ溜め、雪隠(トイレ)は共有で、入浴は湯屋(銭湯)でしていました。プライバシーはありませんでしたが、近所の人々と家族のように助け合ってくらしていました。

長屋は木造で、火事がおこるとすぐに燃えてしまいました。そのため町人たちは必要最低限の家財しかもたず、楽しみは食べたり、読書をしたり、芝居や相撲を観たりといった、遊びや趣味などが中心でした。

町と町屋敷

それぞれの町には木戸がもうけられ、警備がおこなわれていた。町は、いくつかの家屋の集まりである町屋敷で構成されていた。町屋敷ごとに井戸や雪隠などが置かれ、家主(➡P.19)とよばれる管理人がいた。

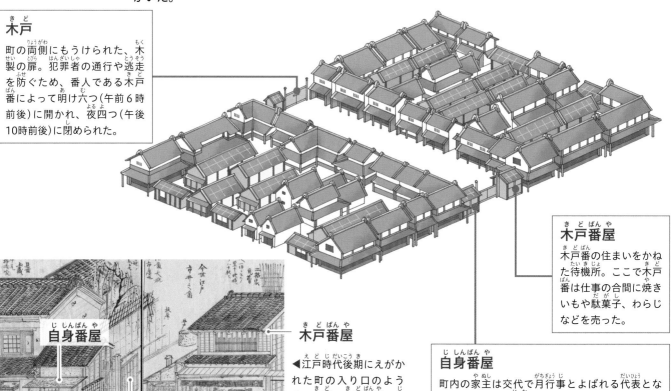

木戸
町の両側にもうけられた、木製の扉。犯罪者の通行や逃走を防ぐため、番人である木戸番によって明け六つ(午前6時前後)に開かれ、夜四つ(午後10時前後)に閉められた。

木戸番屋
木戸番の住まいをかねた待機所。ここで木戸番は仕事の合間に焼きいもや駄菓子、わらじなどを売った。

自身番屋
町内の家主は交代で月行事とよばれる代表となり、ここで町の事務をしていた。屋根に火の見やぐらを設けた町もあった。消火道具や、犯罪者を取り押さえる捕物道具なども置かれていた。

自身番屋
木戸番屋
木戸
◀江戸時代後期にえがかれた町の入り口のようす。木戸、木戸番屋、自身番屋がある。
喜多川季荘『守貞漫稿 3巻』国立国会図書館 蔵

一戸は四畳半か六畳一間の一室で、江戸時代中期以降は家族で住む世帯が増えた。長屋は基本的に賃貸で、家具や服なども損料屋とよばれるレンタル業者に借りることが一般的だった。

寝具
江戸時代には木綿や紙でできたふとんが使われていた。押入れはなく、日中はたたんで枕びょうぶとよばれる仕切りで隠していた。

行灯
照明器具。中で灯油を燃やして灯りをとる。灯油には菜種油やいわしなどの魚の油が使われた。高価ではあったが灯りが使えるようになったことで、夜も自宅で仕事や読書などができるようになった。

稲荷
商売繁盛や家内安全の神である稲荷をまつる。江戸時代、江戸では稲荷への信仰が広まり、町のあちこちに稲荷があった。

ごみ溜め
ごみを捨てるところ。回収されて永代島などに捨てられた。→P.30

▲江戸時代後期にえがかれた町人の男女。町人は男女とも基本的に小袖ですごした。男性は羽織をはおることもあった。また、夏には浴衣を着ることもあった。
歌川国貞「亀戸藤の景」国立国会図書館 蔵

障子
仕切りとして使う建具。扉としても使われた。夏は取り外してすだれをつり、より風通しをよくした。

井戸
神田上水や玉川上水（→P.8）から引かれた水が水道を通じて井戸まで運ばれ、ためられていた。江戸時代後期には、地下水をくみあげてつかう掘り抜き井戸が広まった。

火鉢
暖房器具。灰を入れて火をつけた炭を置き、手をかざして暖をとった。

雪隠
トイレにあたる設備。し尿は買い取られ、肥料となった。→P.30

週刊『江戸』第4号
©株式会社デアゴスティーニ・ジャパン、川島健太郎

香の物（漬物）
白米
めざし（いわしの干物）
八杯豆腐汁（とうふを入れたすまし汁）

台所
へっついとよばれたかまどで、薪を燃料にして火をおこし、料理をした。水は井戸からくんだものを水がめにためて使い、流しに流した。

洗濯物
たらいにためた水で洗い、物干し竿などに干した。灰や米のとぎ汁などが洗剤として使われた。

◀江戸時代後期の町人の食事を再現したもの。1人1人が箱膳とよばれる箱型の膳（食器や食べ物をのせる台）をつかって食べていた。1日3食が一般的となったのは江戸時代のことで、ごはんと汁物、漬物などの野菜のおかず一品が基本的な食事だった。

くらしを支えたさまざまな職業

多くの人が生活していくためには、衣食住をはじめ、さまざまなものやサービスが必要です。江戸では町が大きくなっていくとともに、はたらく人の数や職業の種類も増えていきました。

◆細かく分かれた仕事

たくさんの人がくらすようになった江戸では、ものやサービスの売り買いがさかんになり、多くの仕事が生まれました。仕事は商品や工程ごとに細かく分かれ、さまざまな職業の人が活躍していました。

江戸時代には機械を中心にものをつくる工場はなく、あらゆるものが職人の手でつくられていました。建築にたずさわる大工や鳶、金工品をつくる鍛冶、染め物をする紺屋などがおり、高度な技術をもってものづくりをしていました。

商品の流通には、商人だけでなく、商品を運ぶ車引きや船頭、商品を仕入れて卸す問屋などが関わっていました。商人は大店とよばれる大きな店舗をかまえる大商人もいれば、町を一人で行商してまわる棒手振りもいました。一人前の職人や店ではたらく商人になるためには、幼いころから住みこみではたらき、技術や知識を身につける必要がありました。
→P.34

ほかにも、医者や髪結いのように知識や技術をいかしてはたらく人、駕籠舁きや飛脚のように力をいかしてはたらく人などがいて、江戸のくらしを支えていました。
→③巻

江戸の職人たち

人口の多い江戸では、生活に必要なものや建物も他の都市より多く、たくさんの職人がいた。鍛冶のように自宅で作業をする職人は居職、大工のように現場に出向いて作業をする職人は出職とよばれた。

大工

木材をのみで加工しているところ。江戸では火事でたびたび建物が焼けたことから、大工は人気の職業だった。
→P.44②江戸のある大工の年間収支

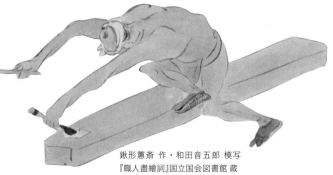

鍬形蕙斎 作・和田音五郎 模写
『職人盡繪詞』国立国会図書館 蔵

鍛冶

熱した鉄などの金属を打ってきたえ、刀や農具、なべ、くぎなどの金工品をつくる。この職人は刀をつくる刀鍛冶。

鍬形蕙斎 作・和田音五郎 模写
『職人盡繪詞』国立国会図書館 蔵

紺屋

藍染めをしているところ。染め物のうち藍染めがもっともよくおこなわれたことから、染め物職人を紺屋とよぶようになった。江戸の神田には紺屋が集まる紺屋町があった。

鍬形蕙斎 作・和田音五郎 模写『職人盡繪詞』
国立国会図書館 蔵

江戸の棒手振りたち

天秤棒で商品をかついで売ることから名前がついた。振売ともよぶ。知識や技術が必要なかったため、老人や子どもでも商売ができた。魚や野菜のほか、豆腐などの加工品、料理や菓子、虫や金魚にいたるまで、江戸にはありとあらゆるものを売る棒手振りがいた。

初がつお売り

江戸では、初夏に旬をむかえる初がつおを食べるのが大きな楽しみだった。
橋本養邦『江戸年中風俗之絵』国立国会図書館 蔵

虫売り

秋には鈴虫や松虫などの鳴き声を楽しむ風習があり、これらの虫を育てて売っていた。
橋本養邦『江戸年中風俗之絵』国立国会図書館 蔵

しゃぼん玉売り

しゃぼん玉遊びはポルトガルやスペインから伝わったとされ、17世紀には江戸でも人気だった。
喜田川季荘『守貞謾稿 6巻』国立国会図書館 蔵

青物売り

野菜は当時青物とよばれ、神田などの青物市場で仕入れて売っていた。
清水晴風『世渡風俗圖會』国立国会図書館 蔵

水売り

水道の行きわたっていない地域などで、飲み水を売っていた。
橋本養邦『江戸年中風俗之絵』国立国会図書館 蔵

七色唐辛子売り

七色唐辛子は、七味唐辛子のこと。目立つために大きなとうがらしのはりぼてを背負っている。
曲亭馬琴『近世流行商人狂哥絵図』国立国会図書館 蔵

うちわ売り

夏のあいだうちわを売り歩いた。うちわは江戸時代から庶民のあいだでも広くつかわれるようになった。
橋本養邦『江戸年中風俗之絵』国立国会図書館 蔵

江戸の運輸業者たち

江戸時代には、自動車のように燃料や電気で動く乗り物などはなかったことから、おもに人の力で人やものを運んでいた。多くの人やものが行きかった江戸では、このような運輸にたずさわる人々はかかせないはたらき手だった。

車引き

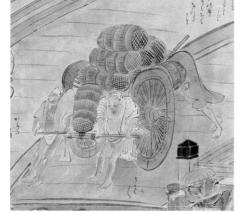

荷車に荷物を積んで運ぶ。ここでは大量の米俵を積んでいる。
鍬形蕙斎 作・和田音五郎 模写『職人盡繪詞』国立国会図書館 蔵

船頭

船をあやつり、人やものを運ぶ。堀や運河がはりめぐらされた江戸では、陸上より水上を通るほうが早い場合も多かった。
歌川国芳「東都名所 佃島」アムステルダム国立美術館 蔵

25

江戸の四季と祭り

江戸に住む人々は、旬の食べ物を食べたり、自然の景色をながめたり、祭りを見物したりと、季節ごとの楽しみを味わっていました。

◆季節や自然とともにある生活

江戸にくらす人々は、時刻にもとづいて寝起きしたり、はたらいたりしていました。現在とは異なり、時刻は日の出と日没にもとづいて定められていました。幕府は上野や浅草などに時の鐘とよばれる鐘を設置し、鐘の音で細かく時刻を知らせていました。季節とともに日の出から日没までの時間は変わるため、人々が活動する時間は季節によって長くなったり、短くなったりしました。

季節の移り変わりは、江戸の人々に行事や旬の食べ物などの楽しみをもたらしていました。月の満ち欠けと太陽の動きをもとにした太陰太陽暦（旧暦）をもとに、端午の節句などの五節句や祭りが毎年決まった日に行われました。自然の風物の名所や、祭りが開かれる寺社、多くの人が集まる盛り場などでは、さまざまな身分や立場の人が行きかい、交流が生まれることもありました。

江戸の1日

江戸時代には、日の出から日没までを昼、日没から次の日の出までを夜とし、それぞれを6等分した長さを一刻として時刻を表していた。電気がなく、明かりをとる油やろうそくも貴重だったことから、人々が活動するのはおもに日中だった。日がもっとも短い冬至には、もっとも長い夏至より昼が5時間ほど短くなった。

現在の時刻	夏至	冬至	
0	暁九つ		
1	暁八つ	暁八つ	
2			
3	暁七つ		
4		暁七つ	**明け六つ**
5	明け六つ		●町の木戸（➡P.22）が開く。
6			●商店が開く。
7	朝五つ	明け六つ	●職人が仕事に出かける。
8		朝五つ	
9	朝四つ		
10		朝四つ	**朝四つ**
11			●与力・同心（➡P.19）が仕事に出かける。
12	昼九つ		
13		昼八つ	
14	昼八つ		**暮れ六つ**
15		昼八つ	●大名屋敷の門が閉まる。
16	昼八つ		●商店が閉まる。
17		暮れ六つ	●職人が仕事を終える。
18			
19	暮れ六つ	夜五つ	
20			
21	夜五つ		**夜四つ**
22	夜四つ	夜四つ	●町の木戸が閉まる。
23			

江戸の旬

現在のように栽培や輸送の技術が発達していなかったことから、江戸時代にはその野菜が自然に収穫を迎えたり、その魚がたくさんとれたりする旬をむかえた食材を食べていた。その季節に初めてとれた食材は初物とよばれ、縁起がよいとされたことから、江戸の人々はかつおやなすなどの初物を競って買いもとめた。

▲かつお。鎌倉（現在の神奈川県鎌倉市）などでとれたものが、船で日本橋の魚河岸（➡P.35）まで運ばれた。
歌川広重「魚づくし 鰹に桜」メトロポリタン美術館 蔵

▶下屋敷（➡P.20）でたけのこを掘る女性。下屋敷が多かった品川や目黒はたけのこの産地で、竹林が広がっていた。
歌川国貞「下屋敷乃笋つみ」国立国会図書館 蔵

＊1 江戸時代には干支（子・丑・寅・卯・辰・巳・午・未・申・酉・戌・亥）を日付にあてはめて使っていた。
＊2 山車…飾りものがついた屋台。祭りのときに人々がかついだり、引いたりして町中をねり歩く。

江戸の自然

江戸時代半ばごろから、人々は余暇をつかって江戸の各地へ自然や景色を楽しみに出かけるようになった。上野の桜、亀戸の藤、海晏寺の紅葉、愛宕山の雪など、季節の風物の名所とされる場所ができ、盛りの時期には身分を問わず多くの人が訪れた。

▶品川の海晏寺での紅葉狩りのようす。

歌川広重「江戸自慢三十六興 海案寺紅葉」国立国会図書館 蔵

江戸の行事

神社へ初詣に行く正月と、旧暦7月15日前後に先祖の霊をまつるお盆は、江戸時代の人々にとって大切な行事だった。また、現在も広く行われている五節句は1年の節目におこなわれる行事で、江戸時代に幕府が公式の祝日と定めたことで庶民にも広まった。

五節句

日にち	節句の名前	内容
1月7日	人日の節句	一年の無病息災などを願い、春の七草をいれた七草がゆを食べる。
3月3日	上巳の節句	ひな祭りのこと。桃の花やひな人形をかざって、わざわいをはらう。
5月5日	端午の節句	菖蒲を軒にかざったり、かしわもちを食べたりしてわざわいをはらう。かぶとやこいのぼりをかざる。
7月7日	七夕の節句	願いごとなどを書いた短冊を笹にかざり、書道や裁縫などの上達を願う。そうめんを食べる。
9月9日	重陽の節句	菊をながめ、菊をひたした酒や栗ごはんなどを食べる。菊には寿命をのばす力があると考えられていた。

※月日は太陰太陽暦で示した。

江戸の祭りや市

多くの人がくらした江戸では、祭りも盛大におこなわれた。とくに規模の大きな神田祭と山王祭は、天下祭りとよばれた。また、祭りの日や、寺社に詣でると利益があるとされた縁日には、寺社の門前に市が立ち、多くの人でにぎわった。神田祭や山王祭をはじめ、現代まで受け継がれている祭りも多い。

▲江戸時代後期の神田祭のようす。巨大な山車やはりぼて、踊り手などが江戸中をめぐった。

歌川貞重「神田大明神御祭図」国立国会図書館 蔵

江戸のおもな祭り

日にち	祭り	内容
2月最初の午の日[*1]	初午祭	稲荷神社の祭り。商売繁盛や豊作を願って油揚げなどをそなえる。江戸にはあちこちに稲荷神社があり、多くの参拝客でにぎわった。
3月17・18日	三社祭	浅草の浅草神社の祭り。神輿をかついだ人々が、浅草周辺をねり歩く。→P.38
6月15日	山王祭	赤坂の日枝神社の祭り。3基の神輿などが、おもに江戸の南西部をねり歩く。
8月15日	深川八幡祭	深川の富岡八幡宮の祭り。神輿をかついだ人々が、深川周辺をねり歩く。
9月15日	神田祭	神田の神田明神の祭り。多くの山車[*2]がかつがれ、おもに江戸の北東部をねり歩く。

江戸のおもな市

日にち	市	内容
7月9・10日	ほおずき市	芝の愛宕神社の千日詣という縁日にたつ市。江戸時代、ほおずきの実は病を治す効果があるという信仰があった。
10月19日	べったら市	日本橋の宝田恵比寿神社の祭りにともなってたつ市。だいこんを甘く漬けこんだ、べったら漬けが売られる。
11月の酉の日[*1]	酉の市	浅草の鷲神社の祭りにともなってたつ市。縁起物のついたくま手が売られる。

※月日は太陰太陽暦で示した。

都市の生活から生まれた外食文化

江戸時代中期から後期には、江戸に外食が広まりました。現在、和食として海外でも人気のあるすしや天ぷらも、江戸で外食として発展した料理です。

◆外食の広まりと味付けの変化

江戸で外食をする習慣が広まったのは、明暦の大火以降のことです。幕府が開かれた当初、江戸 →P.12 は武士や商店の奉公人など、男性の多い町でした。→P.44①江戸の町人の男女の比率の推移 そこへ大火からの復興のためにやってきた職人や労働者が加わり、食事を用意できない独身の男性がさらに増えました。これらの男性たちに簡単な食事を提供する、棒手振りや屋台があらわれたのです。

外食文化の発展は、全国から集まる食材や調味料に支えられていました。江戸時代中期以降、それまで近畿地方から運んでいたしょうゆなどの調味料が江戸周辺で生産されるようになり、江戸独自の味付けが生まれました。

江戸時代後期には居酒屋や料亭なども登場し、江戸の人々は老若男女を問わず外食を楽しむようになりました。さまざまな料理や調理法が生まれ、すしや天ぷらのように日本を代表する料理となったものもあります。

江戸へ運ばれた調味料

江戸の周辺で生産された調味料は、利根川の水運や廻船で江戸に運ばれた。江戸で発展した食文化に合わせて、それまでとは異なる味わいの調味料がつくられた。
→P.45 ⑥下り醤油の流入量の変化

酢
江戸時代後期、それまで米からつくられていた酢を、半田（愛知県）の中野又左衛門が酒粕からつくることに成功。すしのシャリに使われ人気となった。

かつお節
室町時代に誕生し、九州や紀伊（和歌山県）、土佐（高知県）がおもな産地だった。江戸時代後期には安房（千葉県）や伊豆（静岡県）でも生産がさかんになり、江戸で出汁をとるために使われた。

しょうゆ
江戸時代初期には、近畿地方でつくられた「下り醤油」とよばれる淡口しょうゆが江戸に運ばれていた。江戸時代中期から、野田や銚子（いずれも千葉県）などで色が濃くて風味の強い濃口しょうゆの生産がさかんになった。

みりん
1814年に流山（千葉県）で色のうすい白みりんが開発された。甘い飲み物として飲まれていたが、江戸時代後期から料理に使われるようになった。

▲江戸時代後期にえがかれたしょうゆづくりのようす。

大蔵永常『広益国産考』国立国会図書館 蔵

食事を提供する棒手振りや屋台

棒手振りは冷水とよばれるあまく味付けした冷たい飲み水や、菓子、ところてん、煮物など、さまざまな料理を売り歩いた。そばやすし、天ぷらは、屋台で気軽に食べられるファストフードとして人気となった。

そば

担い屋台とよばれる、担いで運べる屋台でそばを売っている。17世紀初めには、広く麺の形で食べられるようになっていた。すぐに食べられることから江戸で人気となり、多くのそば屋があった。江戸時代後期にしょうゆ、みりん、かつお節でつくったつゆにつける食べ方が広まった。

葛飾北斎『北斎漫画 初編』
メトロポリタン美術館 蔵

すし(握りずし)

江戸時代後期、江戸湾(東京湾)でとれた新鮮な魚介類を使い、江戸で握りずしが作られた。それまでは酢飯の上に魚などの具をのせ、上から押してつくる押鮨が一般的だった。現在の2～3倍の大きさがあり、具材は生ではなくしょうゆに漬け込んだり、煮たりして提供された。

歌川国芳「縞揃女弁慶」(一部)
東京都立図書館特別文庫室 蔵

麦湯(麦茶)

るこ　だんご　イカ焼き　冷水

▲江戸時代後期にえがかれた高輪(➡P.17)。さまざまな屋台が立ちならぶ。

歌川広重「東都名所高輪廿六夜 待遊興之図」神奈川県立歴史博物館 蔵

天ぷら

調理法は16世紀にヨーロッパから伝わっていた。江戸時代中期以降、油の生産量が増えたことで安く提供できるようになり、屋台でさかんに売られた。江戸湾でとれるあなごやえびなどの魚介類を串にさして揚げたものを、しょうゆやみりんなどでつくったつゆにつけて食べた。

月岡芳年「風俗三十二相
むまさう 嘉永年間女郎の
風俗」国立国会図書館 蔵

まぐろは不人気! トロは捨てていた!?
江戸のすし事情

（江戸 ものしりばなし）

　冷蔵や冷凍の技術がない江戸時代に、魚介類の鮮度を保つのは難しいことでした。今はすしの人気のネタであるまぐろは鮮度が落ちやすく、江戸時代後期にしょうゆに漬けるヅケが発明されるまで、ねこもまたいで食べないという「ねこまたぎ」とよばれていました。まぐろの脂身であるトロはさらに鮮度が落ちやすく、捨てるか、肥料としてまかれていました。

江戸のごみとリサイクル

江戸時代にはリサイクルという言葉はありませんでしたが、江戸の人々はものを大切にし、徹底的に使いきる生活を送っていました。

◆ものを大切に使う社会

江戸時代には、現在のようにものが大量に、安く手に入ることはありませんでした。そのためものを大切に使うのは当たり前のことで、いらなくなったり、使えなくなったりしたものは、修理したり、ほしい人に売ったり、資源としてリサイクルしたりしていました。多くの人がくらしていた江戸では、いらなくなったものを集める回収業者や、ほしい人に売り渡す商人などがいて、ものを最後まで使い切るしくみが整っていました。

現在では下水に流されるし尿も、江戸時代には貴重な資源でした。江戸のし尿は肥料として買われ、周辺の農村で江戸へ出荷する野菜を育てるために使われていました。

このように徹底的にものを使い切っていた江戸でも、ごみは次第に増えていきました。これらのごみは隅田川の河口にあった永代島に捨てられ、後に永代島やその周辺はごみによる埋立地となりました。

し尿の活用のサイクル

江戸で出たし尿は農家に肥料として売られ、その肥料で育った野菜が江戸へ売られるというサイクルができあがっていた。

江戸

雪隠（トイレ）
人々のし尿を専門の業者が回収しにくる。長屋の家主（→P.19）は、雪隠のし尿を業者に売って収入を得ていた。

◀江戸の長屋の雪隠。
喜田川季荘『守貞謾稿 3巻』国立国会図書館 蔵

食卓
買ったり、し尿と交換したりした江戸近郊の野菜が食卓にのぼる。

畑銀鶏『日ごとの心得』国立国会図書館 蔵

し尿

▲し尿は野菜と交換されたり、お金をはらって買われたりした。
十返舎一九『金草鞋 3編』国立国会図書館 蔵

江戸周辺の農村

農家はし尿を畑に肥料としてまいた。江戸や周辺の農村では、江戸に出荷するための野菜がさかんに栽培され、地域ごとの特産品も多く生まれた。

©(公財)東京都農林水産振興財団

▲小松菜と練馬大根。小松菜は小松川村（現在の東京都江戸川区）で、練馬大根は練馬（現在の東京都練馬区）でさかんに栽培されていたことが名前の由来。

野菜

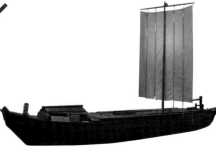

▶し尿を運んだ江戸時代の船の再現模型。し尿は、江戸の東側の農村には船で運ばれた。
葛飾区郷土と天文の博物館 蔵

ものを大切につかった江戸の人々

江戸には、ものを修理したり、回収して他の人に売ったり、資源として再生させたりするしくみがあった。また、それを専門の仕事とする人々も多かった。

▶傘のはりかえのようす。江戸時代の傘は竹でできた骨に油をしみこませた和紙をはったもので、紙をはりかえれば何度も使うことができた。

十返舎一九『宝船桂帆柱』国立国会図書館 蔵

◀針の砥ぎ師。針のほか、包丁などの金属製品は、とぐことで新品同様になった。

橘岷江『彩画職人部類 下』国立国会図書館 蔵

▲古着売り。庶民にとって新品の着物は高級品で、おもに古着でおしゃれを楽しんでいた。着物は一枚の布からできており、着る人に合わせて何度でも縫い直すことができた。

橋本養邦『江戸年中風俗之絵』国立国会図書館 蔵

▶しょうゆのたる。たるは洗って、何度もくり返し使われた。大きな酒のたるを解体して、しょうゆのたるにつくりかえることもあった。

写真提供 キッコーマン株式会社

▲東京都新宿区で見つかった、焼継という技術で補修された江戸時代後期の磁器。うつわは、割れたり汚れたりしても修理して使っていた。

写真提供 新宿区教育委員会

ごみを少なくする
ものをくり返し使う
資源として再生させる

▶古くなったほうきを買い取るほうき買い。解体してたわしや縄にした。

喜田川季荘『守貞謾稿 6巻』国立国会図書館 蔵

▲和紙をすいているところ。使い終わった和紙は回収されて原料の状態に戻され、すき返して再び和紙にした。

橘岷江『彩画職人部類 上』国立国会図書館 蔵

公益財団法人 紙の博物館 蔵

▲すき返してつくられた浅草紙とよばれる紙。江戸でトイレットペーパーとして使われた。写真は明治時代につくられたもの。右は光を通して撮影したもので、文字が書かれたままの紙や、ごみが混ざっている。

▶灰買いという、家々をまわって灰を買い集める仕事をする人。これ以上使えないとされたものは燃やして灰にされ、肥料や洗剤などとして使われた。

喜田川季荘『守貞謾稿 6巻』国立国会図書館 蔵

各地の発展と名所の誕生

江戸時代半ば以降、江戸にはさまざまな名所が生まれました。江戸内外の人々が観光を楽しんだ各地の名所を、のぞいてみましょう。

◆にぎわう市場や門前町

　古くから都がおかれた京都とは異なり、江戸は江戸時代に幕府が開かれてから大きく発展した町です。江戸では町の広がりや人口の増加とともに、各地で次々と新しい名所が生まれました。

　五街道の起点となった日本橋周辺には、大きな蔵や商店が立ちならび、魚市場が開かれ、町人の町として日々にぎわいました。また、寛永寺のある上野や浅草寺のある浅草などの寺社の門前町や、両国橋のたもとにもうけられた広小路、芝居小屋が立ちならぶ猿若町、遊郭がある吉原など、多くの人が集まる場所では、人々は身分の区別なく娯楽や四季折々の景色、行事を楽しみました。

→③巻

→P.15

❶築地
明暦の大火の後、低湿地を埋め立ててつくられた土地。西本願寺（現在の築地本願寺）周辺は門前町としてにぎわう。

❷佃島
隅田川の河口にある島。17世紀初めに摂津国（現在の大阪府北西部と兵庫県南東部）の佃村から漁師たちが移住した。佃島周辺でとれた魚は日本橋の魚市場へ出荷された。

▲江戸時代末期にえがかれた、佃島周辺での漁のようす。奥には西本願寺の屋根が見える。歌川広重「名所江戸百景 江戸百景余興 鉄炮洲築地門跡」国立国会図書館 蔵

空から見た江戸の町

津山藩（岡山県）につかえた絵師、鍬形蕙斎の「江戸一目図屏風」には、19世紀初めごろの江戸の町がえがかれている。

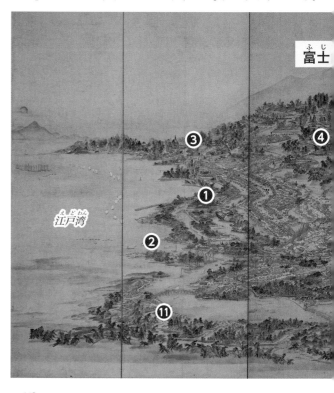

富士

江戸湾

❸芝
東京湾をのぞむ港町。浄土宗（仏教の宗派のひとつ）の大本山、増上寺がある。

◀江戸時代後期にえがかれた増上寺。上野の寛永寺とともに、徳川家の菩提寺（一家・一族を代々とむらう寺）として信仰された。

渓斎英泉「東都名所尽 司馬増上寺之図」ミネアポリス美術館 蔵

❹霞ヶ関

北で江戸城と接する。江戸城を守るため、広島藩浅野家や福岡藩黒田家などの大名屋敷が置かれていた。

▲江戸時代後期にえがかれた、大名行列が横切る霞ヶ関。左に福岡藩黒田家の上屋敷(➡P.20)が、右に広島藩浅野家の上屋敷がある。

歌川広重「東都名所 霞ヶ関全図」国立国会図書館 蔵

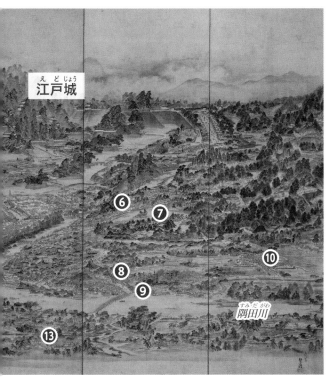

鍬形蕙斎「江戸一目図屏風」津山郷土博物館 蔵

❺日本橋➡P.34

❻神田

江戸時代初期には鍛冶や大工などの職人が集まる町だったが、しだいに商人がくらすようになった。江戸の守り神として信仰された神田明神がある。

▶神田の紺屋町。藍染めの布が干されている。紺屋町には藍染めの職人が集まってくらしていた。

歌川広重「名所江戸百景 神田紺屋町」メトロポリタン美術館 蔵

❼上野➡P.36

❽浅草➡P.38

❾猿若町

江戸時代後期に中村座や市村座などの幕府公認の芝居小屋が移され、歌舞伎や人形浄瑠璃(➡6巻)の興行地として栄えた。

▲多くの人でにぎわう、江戸時代末期の中村座。

歌川広重「東都繁栄の図 猿若町三芝居図」国立国会図書館 蔵

❿吉原➡P.42

⓫深川

明暦の大火の後、開発が進んだ。江戸を代表する神社、富岡八幡宮があり、多くの参拝客でにぎわう。材木問屋が集まる木場がある。

▶江戸時代末期にえがかれた木場。切り出された木材が貯蔵されている。

歌川広重「名所江戸百景 深川木場」メトロポリタン美術館 蔵

⓬両国➡P.40

⓭亀戸

学問の神、菅原道真をまつる亀戸宰府天満宮(亀戸天神社)や、梅の名所、梅屋敷がある。

▲梅屋敷。300本もの梅が植えられ、初春には多くの花見客でにぎわった。歌川広重「東都名所 亀戸梅屋舗ノ図」ミネアポリス美術館 蔵

日本橋

□五街道の出発点
□大きな商店や問屋が立ちならぶ
□朝からにぎやかな魚市場

▲江戸時代後期の日本橋駿河町。右手前にあるのは三井越後屋。
歌川広重「東都名所 駿河町之図」国立国会図書館 蔵

◆町人が主役の商業の町

日本橋は、江戸幕府が開かれたころから町人が住む地域として開発された町です。1603年に地名の由来となった日本橋という橋がかけられ、翌年には東海道をはじめとする五街道の出発点とされました。→3巻

橋の北には魚市場となっている魚河岸があり、江戸湾でとれた新鮮な魚介類がならべられ、仕入れにきた棒手振りや近所の人々でにぎわっています。→P.24周辺には遊郭である吉原や芝居小屋もあり、→P.42それぞれ移転するまで日本橋の名所でした。

川沿いには、舟の荷物のあげ降ろしをするための河岸や、全国から運ばれてきた物資をおさめる白壁の土蔵がならんでいます。また、町の表通りには呉服店(着物用の生地を売る店)の三井越後屋をはじめ、大店とよばれる商店が軒をつらねています。

日本橋に関するおもなできごと

年	できごと
1590年	・日本橋が町人のくらす町人地として開発がはじまる。 ・徳川家康が大坂(大阪)の佃町の漁師、森孫右衛門の一族に佃島の土地と周辺の漁業を支配する権利をあたえる。
1596〜1615年ごろ	・森孫右衛門の息子、森九左衛門が日本橋に魚市場を開く。
1603年	・日本橋が完成。
1617年	・吉原が設置される。
1624年	・京都からやってきた歌舞伎役者、猿若勘三郎が芝居小屋、猿若座(のちの中村座)を設立。
1634年	・芝居小屋、村山座(のちの市村座)が開業。
1653年	・松坂(現在の三重県松阪市)出身の商人、小津清左衛門が大伝馬町で紙問屋を創業。
1657年	・明暦の大火(→P.12)がおこり、日本橋一帯は焼け野原となる。吉原も焼け、浅草の千束町へ移転。
1673年	・呉服店、三井越後屋が開店。
1683年	・三井越後屋が両替商をはじめる。
1841年	・中村座が火災をおこし、市村座とともに焼失。翌年、幕府の命令で浅草の猿若町へ移転。

三井越後屋
新しい売り方で人々の心をつかんだ

伊勢松坂(現在の三重県松阪市)出身の商人、三井高利が開いた呉服店。他の呉服店は客の屋敷へ出向き、商品を先に渡して後で代金をもらう「かけ売り」で商売をしていたが、手間や時間がかかる分、値段も高かった。そこで越後屋では店頭に定価をつけた商品を置き、訪れた客に現金と交換する形で販売した。後に金・銀・銅の通貨(→3巻)を両替する両替商もおこなった。

見本の着物
売場を担当する店員の名前
「現金かけ値なし」(現金払い)の注意書き
金と銀の柜(小判(金)=銀六十匁
小判→時相場

▲江戸時代中期にえがかれた三井越後屋の店内。安く、気軽によい商品が買えると評判だった。歌川豊春「浮絵駿河町呉服屋図」三重県総合博物館 蔵

河岸（かし）
江戸（えど）の物流（ぶつりゅう）の要（かなめ）

舟（ふね）の荷物（にもつ）のあげ降（お）ろしをするために、川辺（かわべ）にもうけられた港（みなと）。江戸（えど）では、町中（まちなか）にはりめぐらされた堀割（ほりわり）とよばれる運河（うんが）を通（つう）じて舟（ふね）で荷物（にもつ）が運（はこ）ばれていた。日本橋（にほんばし）周辺（しゅうへん）に掘（ほ）られた堀留（ほりどめ）といういき止（ど）まりの水路（すいろ）の両脇（りょうわき）には、多（おお）くの河岸（かし）があった。

日本橋（にほんばし）
江戸（えど）のシンボル

江戸城（えどじょう）の外堀（そとぼり）と隅田川（すみだがわ）をむすぶ、日本橋川（にほんばしがわ）にかけられた橋（はし）。五街道（ごかいどう）の起点（きてん）とされ、多（おお）くの人（ひと）が行（ゆ）きかった。現在（げんざい）かかっている石造（いしづく）りの日本橋（にほんばし）は、明治時代（めいじじだい）の1911年（ねん）にかけられたもの。

土蔵（どぞう）
全国（ぜんこく）から集（あつ）まった物資（ぶっし）がおさまる

舟（ふね）で運（はこ）ばれてきた米（こめ）や各地（かくち）の特産物（とくさんぶつ）などは、河岸（かし）で陸（りく）あげされた後（のち）、問屋（どんや）の土蔵（どぞう）に納（おさ）められた。問屋（どんや）は商品（しょうひん）を仕入（しい）れて商人（しょうにん）などに卸（おろ）す職業（しょくぎょう）。江戸（えど）では1694年（ねん）に十組問屋（とくみどんや）とよばれる問屋（どんや）の組合（くみあい）が結成（けっせい）され、大坂（おおさか）から江戸（えど）に運（はこ）ばれるおもな物資（ぶっし）の仕入（しい）れを独占（どくせん）しておこなった。（➡3巻（かん））。

▲日本橋（にほんばし）から見（み）える土蔵（どぞう）と河岸（かし）。
葛飾北斎（かつしかほくさい）「富嶽三十六景（ふがくさんじゅうろっけい） 江戸日本橋（えどにほんばし）」シカゴ美術館（びじゅつかん） 蔵（ぞう）

日本橋川（にほんばしがわ）

高瀬舟（たかせぶね）
川（かわ）で使（つか）われた底（そこ）の浅（あさ）い舟（ふね）。荷物（にもつ）をのせて、江戸中（えどじゅう）を行（ゆ）き来（き）した。

江戸時代後期（えどじだいこうき）にえがかれた日本橋（にほんばし）。

歌川広重（うたがわひろしげ）「東都名所（とうとめいしょ） 日本橋真景井ニ魚市全図（にほんばししんけいならびにうおいちぜんず）」国立国会図書館（こくりつこっかいとしょかん） 蔵（ぞう）

魚河岸（うおがし）
新鮮（しんせん）な魚介類（ぎょかいるい）が集（あつ）まる

日本橋川（にほんばしがわ）沿（ぞ）いにある魚市場（うおいちば）。江戸湾（えどわん）の佃島（つくだじま）（➡P.32）の漁師（りょうし）たちが、幕府（ばくふ）に献上（けんじょう）した魚介類（ぎょかいるい）のあまりを売（う）っていたのがはじまり。江戸（えど）の人口（じんこう）の増加（ぞうか）とともに取（と）り引（ひ）きされる魚介類（ぎょかいるい）の量（りょう）も増（ふ）え、江戸（えど）を代表（だいひょう）する市場（いちば）へと発展（はってん）した。新鮮（しんせん）な魚介類（ぎょかいるい）は、すしや天（てん）ぷら（➡P.29）をはじめさまざまな料理（りょうり）に使（つか）われ、江戸（えど）の人々（ひとびと）の食生活（しょくせいかつ）を支（ささ）えた。

▲江戸時代後期（えどじだいこうき）にえがかれた魚河岸（うおがし）の市場（いちば）。鯛（たい）やいか、たこ、あわび、えびなどが売（う）られ、棒手振（ぼてふ）りたちによって運（はこ）ばれている。歌川国安（うたがわくにやす）「日本橋魚市繁栄図（にほんばしうおいちはんえいず）」国立国会図書館（こくりつこっかいとしょかん） 蔵（ぞう）

上野

□徳川家をとむらう寛永寺がある

□春は花見客で大にぎわい

□門前の広小路は繁華街として発展

▲上野の寛永寺と不忍池。歌川広重「東都名所 上野山王山 清水観音堂花見 不忍之池全図 中島弁財天社」国立国会図書館 蔵

◆歴代の将軍が眠る花見の名所

上野は東叡山寛永寺を中心に発展した町です。寛永寺は1625年、将軍や江戸城を守る寺院として建立され、芝の増上寺とともに徳川家の菩提寺（一家・一族を代々とむらう寺）とされました。5代将軍綱吉や8代将軍・吉宗など、6人の将軍の墓があります。

寛永寺の境内には多くの堂やほこらのほか、弁財天をまつる不忍池があり、参拝客や観光客でにぎわっています。桜の名所としても有名です。寺の門前には、明暦の大火後にもうけられた広小路、下谷広小路が広がり、多くの店が立ちならんでいます。
→P.12
→P.14

江戸時代末期の1868年には、戊辰戦争の戦いのひとつ、上野戦争の舞台となりました。寛永寺の周辺は焼け野原となり、旧幕府軍がたてこもった寛永寺では多くの建造物が失われました。
→⑤巻

上野に関するおもなできごと

年	できごと
1625年	・寛永寺が建立される。
1627年	・寛永寺の境内に徳川家康をまつる東照宮が建立される。
1630年ごろ	・不忍池に弁財天をまつる辯天堂が建立される。
1631年	・寛永寺の境内に清水観音堂が建てられる。
1657年以降	・明暦の大火をきっかけに、寛永寺の門前に下谷広小路がもうけられる。
1680年	・4代将軍家綱が寛永寺に葬られる。この後、寛永寺は徳川家の菩提寺となる。
1698年	・寛永寺の本堂にあたる根本中堂が建立される。
1768年	・名古屋のいとう呉服店が下谷広小路にあった呉服店、松坂屋を買収し、江戸へ進出。
1868年	・戊辰戦争の戦いのひとつ、上野戦争の舞台となる。寛永寺の大部分が焼失し、周辺の一帯は焼け野原となった。

下谷広小路 両側に店が立ちならぶ

明暦の大火後にもうけられた広小路のひとつ。将軍が寛永寺に詣でるときに通る「御成道」のはばを広げてつくられた。火事のときに火が燃え広がらないようにするための空間だが、しだいに道の両側に商店や料理店が開かれ、盛り場（繁華街）としてにぎわった。現在は上野広小路とよばれている。

▲江戸時代後期にえがかれた下谷広小路。忍川という川が流れており、橋がかけられていた。奥には寛永寺の境内が、道の両側には多くの店がある。
鳥文斎栄之「上野三枚橋之図」シカゴ美術館 蔵

時の鐘
人々に時刻を知らせた

江戸の各地に設置された、時刻を人々に知らせる時の鐘（➡P.26）のひとつ。上野には1669年に設置された。

▶寛永寺の境内にある時の鐘。1787年に造り直されたものが、いまも残る。

清水観音堂
京都の清水寺がモデル

京都にある清水寺にならい、1631年に建てられた堂。清水寺と同じ、広い舞台がもうけられた。境内には枝が円をえがいた「月の松」とよばれる松があり、寛永寺でも人気の名所だった。

▶清水観音堂の「月の松」。

歌川広重「上野山内月のまつ」シカゴ美術館 蔵

寛永寺
徳川家の菩提寺のひとつ

1625年に建てられた寺院。京都の御所（天皇のすまい）の鬼門（北東の方角のこと。鬼が出入りし、わざわいをもたらすと恐れられた）に置かれた比叡山延暦寺にならい、江戸城の鬼門にあたる上野に建てられた。後に徳川家の菩提寺とされた。

東都八勝 上野晩鐘

江戸時代末期にえがかれた寛永寺の境内。

花見
春の楽しみ

貴族や武士のあいだでおこなわれていた花見が、庶民にも広まったのは江戸時代中期以降のことだった。上野の一帯は江戸を代表する桜の名所として知られ、春になると多くの花見客が訪れた。18世紀前半に8代将軍・吉宗によって王子の飛鳥山や隅田川の周辺に桜が植えられ、江戸の各地に桜の名所が生まれることになった。

◀不忍池のほとりで花見を楽しむ人々。不忍池は寛永寺が建てられたときに整備された大きな池で、ハスの名所でもあった。

歌川広重「江都名所 上野不忍の池」シカゴ美術館蔵

浅草

□1400年の歴史をもつ浅草寺
□寺の門前に商店街が立ちならぶ
□見世物小屋や楊枝屋が人気の奥山

▲多くの人でにぎわう浅草寺の境内。
歌川広重「東都名所　浅草金竜山」国立国会図書館 蔵

◆寺の門前町として発展

浅草の町の中心である金龍山浅草寺は、7世紀に創建されたと伝わる歴史ある寺です。江戸時代には徳川家が願いごとを寄せる祈願所とされ、庶民からも深く信仰されるようになりました。

寺の境内には、商店がつらなる仲見世や水茶屋➡P.41があります。また、寺の本堂のうらは奥山とよば

れ、看板娘で評判の楊枝屋があるほか、多くの見世物小屋が立ちならんでいます。周辺には吉原➡P.41や、芝居小屋の集まる猿若町もあり、多くの人でにぎわう江戸の盛り場（繁華街）のひとつです。➡P.42

浅草寺ではほおずき市や歳の市が、隣りあう浅草神社では江戸を代表する祭り、三社祭がおこなわれ、江戸の人々が季節の移り変わりを感じる場所にもなっています。

浅草に関するおもなできごと

年	できごと
1590年	・徳川家康が浅草寺を祈願所に定める。
1600年	・関ヶ原の戦いのとき、家康が浅草寺の住職に勝利を願う祈祷を命じる。
1631年	・浅草寺の本堂が火事で焼失。
1635年	・浅草寺の本堂が再建される。
1642年	・浅草寺の本堂や雷門が火事で焼失。
1649年	・3代将軍・家光により、本堂や雷門が再建される。
1685年	・浅草寺の住職が5代将軍綱吉の不興を買ったことをきっかけに、浅草寺は上野の寛永寺の支配下に置かれる。 ・このころ、周辺の住民が浅草寺の境内に店を出すことを許可され、仲見世の原型ができる。
1717年	・八百屋だった2代目八百屋善四郎が、浅草に高級料亭、八百善を開業。
1767年	・雷門が火事で焼失。
1760年代	・浅草奥山にある楊枝屋、柳屋の看板娘、お藤が評判となり、浮世絵にもえがかれる。
1795年	・雷門が再建される。門の提灯がはじめて奉納される。
1819年	・浅草奥山で、約7～8メートルにもなる関羽（中国の歴史書『三国志』に登場する英雄）のかご細工（➡P.41）が公開され、話題となる。
1865年	・雷門が火事で焼失。その後、1960年に再建される。

長い歴史をもつ寺社　浅草寺と浅草神社

飛鳥時代の628年、隅田川で漁をしていた兄弟が見つけた観音像をまつったのが寺のはじまりとされる。12～13世紀ごろには、この観音像を見つけた兄弟と、観音像をまつった男性の3人をまつる浅草神社が建てられた。徳川家康は、江戸へやってきた1590年に浅草寺を祈願所に定め、1600年の関ヶ原の戦いでは戦の勝利を祈祷させた。

▲三社祭。江戸時代にはいくつもの山車[1]が浅草周辺をめぐった後、神輿が船に乗せられて隅田川をくだるという船祭だった。現在は神輿をかついだ人々が浅草周辺をねり歩く祭りとなっている。写真提供 浅草神社

＊1山車…飾りものがついた屋台。祭りのときに人々がかついだり、引いたりして町中をねり歩く。

仲見世
多くの商店が立ちならぶ

浅草寺の雷門から仁王門にかけての参道にある商店街。浅草寺に多くの参拝客が訪れるようになった1685年ごろ、境内の掃除をすることを条件に、周辺の住民に店を出すことを許可したのがはじまりとされる。

▶仲見世では年末に歳の市が開かれ、門松やしめ縄などを売る店が立ちならぶ。
歌川広重「六十余州名所図会 江戸 浅草市」国立国会図書館 蔵

楊枝屋
看板娘が客をよぶ

江戸時代には房楊枝という先を房状にした楊枝を歯みがきとして使っていた。浅草寺の奥山には房楊枝を売る楊枝屋があり、若い女性が看板娘として人気をよんでいた。

▶浅草寺の境内の楊枝屋。
初代歌川豊国『絵本時世粧』メトロポリタン美術館 蔵

江戸時代後期にえがかれた浅草の雷門前のようす。

雷門
江戸時代に生まれた浅草の顔

浅草のシンボルとして知られる門。正式な名前は風雷神門で、風神と雷神の像が左右に置かれている。1795年に火事で焼けた門を再建したとき、現在のような提灯が奉納されるようになったという。

料亭
交流の場にもなった

雷門の前には料亭、亀屋がある。江戸で外食が広まった江戸時代半ばから、浅草や上野などの盛り場には高級料亭ができ、商人や芸術家などの交流の場にもなった。

◀浅草の高級料亭、八百善。多くの有名人が訪れる浅草の名所だった。
歌川広重「江戸高名会亭尽 山谷 八百善」メトロポリタン美術館 蔵

両国

□明暦の大火をきっかけに発展
□相撲や見世物の興行でにぎわう
□夏は花火が打ち上げられる

▲江戸時代末期にえがかれた夏の両国。
橋本貞秀「東都両国ばし夏景色」メトロポリタン美術館 蔵

◆毎日がハレの日

　両国は人が多く集まる、江戸有数の盛り場です。そのきっかけは、1657年の明暦の大火でした。→P.12 この大火のとき、隅田川を渡れず多くの人がなくなったことから、1661年にこの地に両国橋がかけられました。橋の東西には、火事が燃え広がらないよう広小路（はばの広い通り）がもうけられました。橋の西側の広小路には水茶屋や矢場など

の店や見世物小屋が立ちならぶようになり、夏には花火があがるにぎやかな町となりました。
　橋の東には、明暦の大火でなくなった人々の回向（供養すること）のため、回向院という寺院が建立されました。回向院では勧進（寺社の建立や修理のための寄付をつのること）を目的とする勧進相撲の興行がおこなわれ、両国は現在も江戸の相撲の興行地となっています。

両国に関するおもなできごと

年	できごと
1657年	・明暦の大火がおこる。 ・火事の後、両国の開発が進む。 ・火事の死者をとむらう回向院がひらかれる。
1661年	・両国橋が完成（1659年という説もある）。橋の周辺には広小路が設けられ、しだいに店が立ちならぶようになる。
1733年	・隅田川で初めて花火が打ち上げられたとされる（1628年という説もある）。
1781年	・回向院で勧進相撲の興行がはじまる。
1793年ごろ	・両国薬研堀の水茶屋の看板娘、おひさが喜多川歌麿の浮世絵『当時三美人』にえがかれる。
1819年	・両国の広小路で巨大なかご細工が公開され、評判となる。
1824年	・両国の広小路で、オランダ船で運ばれてきたアラビアのラクダの見世物に人が集まる。
1857年ごろ	・両国の広小路で早竹虎吉の曲芸が大人気となる。
1863年	・両国の広小路で、インド象の見世物が話題となる。

▶江戸時代後期にえがかれた、回向院での相撲の興行。女性は観戦を禁止されていたため、観客は全員男性。
歌川国芳「勧進大相撲土俵入之図」東京都立中央図書館特別文庫室 蔵

相撲　江戸の一大娯楽

　古くからおこなわれていた相撲が多くの人に親しまれるようになったのは江戸時代のこと。力士が専門の職業となったり、ルールや土俵の形が定まったりしたのも江戸時代だった。勧進相撲は回向院をはじめ各地の寺社でおこなわれた。江戸時代後期には谷風や雷電などの力士が評判となり、歌舞伎役者や吉原の遊女とならぶ人気者となった。

雷電為右衛門（1767〜1825年）

▶信濃国（現在の長野県）出身の力士。

勝川春英「雷電」公益財団法人日本相撲協会 蔵

花火
夏の風物詩

江戸の夏の楽しみといえば、両国の花火だった。1733年に隅田川で初めて花火が打ち上げられたとされる。毎年、夏のあいだ、客の依頼を受けて船から花火を打ち上げる花火業者が活躍していた。当時活躍した花火師、鍵屋と玉屋は、現在も花火へのかけ声として名前が残る。

水茶屋
看板娘は庶民のアイドル

広小路では、防火のため仮設の店舗しか営業がゆるされなかった。そのなかで多かったのが、茶を飲み、ひと休みできる水茶屋。看板娘とよばれる若い女性が店先に立って客を呼びこんだ。

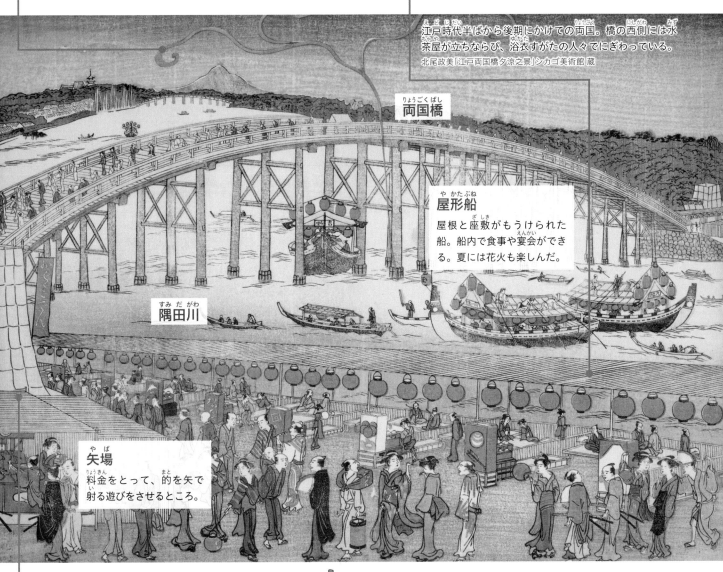

江戸時代半ばから後期にかけての両国。橋の西側には水茶屋が立ちならび、浴衣すがたの人々でにぎわっている。
北尾政美「江戸両国橋夕涼之景」シカゴ美術館 蔵

両国橋（りょうごくばし）

屋形船（やかたぶね）
屋根と座敷がもうけられた船。船内で食事や宴会ができる。夏には花火も楽しんだ。

隅田川（すみだがわ）

矢場（やば）
料金をとって、的を矢で射る遊びをさせるところ。

見世物小屋
気軽に楽しめる娯楽

演舞やコマ回し、手品、力じまんなどの芸。曲芸やめずらしい動物、手のこんだ細工などを見せる小屋。入場料は安く、庶民が気軽に楽しめる娯楽としてにぎわった。

曲芸
江戸時代末期に活躍した軽業師の早竹虎吉による曲芸。足の上で大きなコマを回している。後にアメリカ合衆国でも興行し、大評判となった。
歌川芳春「大坂下り早竹虎吉」メトロポリタン美術館 蔵

動物
1863年、アメリカ合衆国の船で現在のインドから運ばれてきたゾウ。ほかにもラクダやヒョウなど海外の動物が見世物にされ、ひと目見ようと多くの人が押しかけた。
歌川芳豊「天竺之象此度両国広小路におゐて看物興行之図」シカゴ美術館 蔵

かご細工
有名な歴史の人物などを、竹などを編んで再現したもの。歌川国貞「籠細工 浪花細工人 一田庄七郎」メトロポリタン美術館 蔵

吉原

□ きびしい労働を強いられた遊女たち
□ 流行を生んだ遊女のファッション
□ 文化や芸術の題材となった

▲江戸時代後期にえがかれた吉原。
歌川広重「東都名所 新吉原五丁町弥生花盛全図」国立国会図書館 蔵

◆華やかだが過酷な夢の国

　江戸時代、貧しい家庭の女子のなかには、商品として売られ、お金と引き換えに男性をもてなす遊女となる者もいました。遊女は遊郭という外から隔離された地域でくらし、きびしい労働を強いられました。

　江戸には1617年に幕府公認の遊郭、吉原がつくられました。初めは日本橋にありましたが、明→P.34暦の大火の後、浅草の北部へ移転し新吉原とよば→P.12れました。全国でも有数の規模をほこる遊郭となり、豊かな武士や町人たちの交流の場にもなりました。

　遊女のうち、太夫や花魁とよばれた高い位の遊女は、美しさや高い教養をそなえ、さまざまな芸に秀でた、人々のあこがれの存在でした。歌舞伎や浄瑠璃、浮世絵の題材にもなり、江戸時代の文化に大きな影響をあたえました。

吉原に関するおもなできごと

年	できごと
1617年	・庄司甚右衛門が幕府の許可を得て、日本橋に遊郭を創設する。
1657年	・明暦の大火で遊郭が焼失。浅草の北部へ移転し、「新吉原」とよばれるようになる。日本橋の跡地は「元吉原」とよばれた。
1689年	・この年には、吉原がかかえる遊女の総人数が2000人を超える。
1783年	・この年以降、蔦屋重三郎が『吉原細見』の出版を独占するようになる。
1847年	・この年には、吉原がかかえる遊女の総人数が7000人を超える。
1855年	・安政江戸地震がおこり、吉原では遊女をふくめ1000人以上がなくなったとされる。

▲新吉原でなくなった遊女を埋葬し、とむらってきた浄閑寺にある新吉原総霊塔。浄閑寺は1855年の安政江戸地震でなくなった数百人の遊女が一度に葬られたことから、投込寺ともよばれている。

遊女 ｜江戸のファッションリーダー

　位の高い遊女はさまざまな知識や芸能に通じ、裕福な武士や町人をもてなした。特殊な立場にある遊女との恋愛は、歌舞伎や文学などの題材となったほか、美しく着飾ったすがたは浮世絵にえがかれ、江戸の女性たちの髪形や服装に影響をあたえた。

　一方で、契約期間や借金の返済が終わるまできびしい条件で働かされていたことから、体調をくずし、若くしてなくなる遊女も多かった。

教養

客のなかには高度な教育を受けた武士や町人も多かった。そのため高い位の遊女となるには、和歌や古典、書道、茶道、楽器の演奏、囲碁など、さまざまな知識や芸能を身につける必要があった。

服装

派手な打掛（もとは武家の女性の正装である羽織）をはおり、一般の女性は後ろでむすぶ帯を前でむすんだ。

▲江戸時代中期の遊女、花扇。評判が高く、多くの浮世絵にえがかれた。鳥文斎栄之「青楼美人六花仙 扇屋花扇」メトロポリタン美術館 蔵

髪型

遊女の髪型は時代によって変化し、時に庶民のあいだにも広まった。この浮世絵では、江戸時代中期以降に遊女のあいだで流行した横兵庫とよばれる髪型をしている。

べっ甲のかんざし

べっ甲のかんざしは、裕福な武家の女性や遊女にしか身につけられない高級品だった。

仲ノ町

にぎわうメインストリート

▶遊女屋のようす。2階では宴会がもよおされている。作者不詳「吉原の夕刻」メトロポリタン美術館 蔵

吉原の大通り。この通りの両側に、遊女をかかえる遊女屋や、客を座敷でもてなし、遊女と引き合わせる揚屋や茶屋が立ちならんでいた。遊女が逃げ出さないよう、吉原の周囲は塀で囲まれ、その外には堀がめぐらされていた。

花魁道中

華やかな出迎え

位の高い遊女は客の男性に指名されると、見習いの遊女や雑用係の男性などを引き連れて、茶屋などの座敷まで客を迎えに行った。華やかなすがたで通りをねり歩くようすは、人々の注目を集めた。

◀浅草の祭りで再現された花魁道中。高い下駄をはいて歩く。
写真提供 一葉桜まつり・小松橋通り実行委員会

江戸時代末期にえがかれた吉原の仲ノ町。
歌川広重「江戸名所 よし原仲の町桜の紋日」シカゴ美術館 蔵

芸者

茶屋などの座敷によばれ、踊りや三味線などの芸能で場を盛り上げる職業の女性。男性の芸者もいた。

客

遊女とすごすためには大金が必要で、だれもが気軽に遊べたわけではなかった。そのため客は裕福な武士や町人が中心だった。

桜並木

夢のように現れて消える

毎年、桜の季節には満開の桜を仲ノ町に移し植え、花が散ると撤去した。桜の数は1000本にものぼったとされる。花見の時期には多くの人でにぎわった。

▶歌舞伎を代表する演目『助六由縁江戸桜』は、桜の時期の吉原が舞台。主人公の助六と、その恋人で遊女の揚巻が中心となり物語が進む。
歌川国政「助六由縁江戸桜」国立劇場 蔵

データや図表で見る江戸時代

2巻であつかった内容とかかわりの深いデータや図表を紹介しています。本編の内容も参考にしながら、それぞれのデータや図表を読み解いてみましょう。

①江戸の町人の男女の比率の推移

寺社の門前町の住人をふくむ。18世紀半ばには男性が町人の人口の約3分の2をしめていたが、しだいに女性の割合が増え、江戸時代末期にはほとんど同じ割合になった。

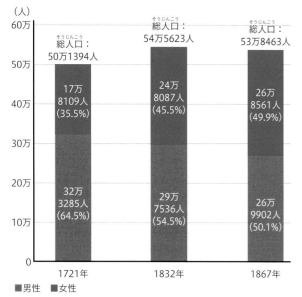

江戸東京博物館『常設展示図録［図表編］』(2017年)「江戸町人の人口構成」をもとに作成

②江戸のある大工の年間収支（文政年間(1818～1830年)ごろ）

家族構成：夫婦と子供1人
住まい：借家
1年にはたらいた日数：294日

江戸ではたらく大工の1年あたりの収入と支出の例。食品や燃料が支出のおよそ3分の2をしめている。

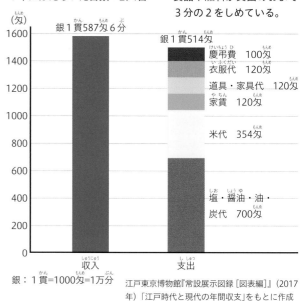

銀：1貫=1000匁=1万分

江戸東京博物館『常設展示図録［図表編］』(2017年)「江戸時代と現代の年間収支」をもとに作成

③江戸の町人の人口の推移

P.16の同名のグラフで省略したデータを加えたもの。寺社の門前町の住人をふくむ。18世紀半ばからの100年間、町人の人口は50～55万人前後で推移し、大きな変化はなかった。

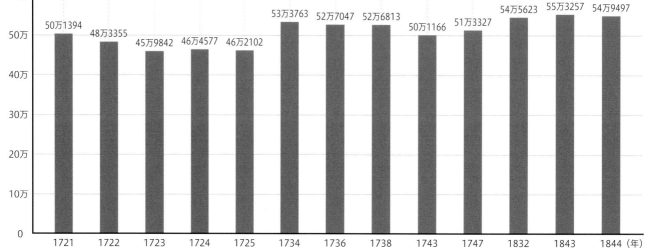

幸田成友『幸田成友著作集』第2巻(中央公論社、1974年)「江戸の町人の人口」をもとに作成

④四谷塩町一丁目の出生地・男女別年齢構成（江戸時代末期）

現在の四ッ谷にあった四谷塩町一丁目という町の調査をもとにしたグラフ。江戸出身者の人口が江戸以外の出身者の約3倍となっている。

出身地 性別	江戸	江戸以外	合計
男性	300人	132人	432人
女性	341人	91人	432人
合計	641人	223人	864人

（男性：江戸出身／江戸以外の出身）　（女性：江戸出身／江戸以外の出身）

年齢	江戸出身の男性	江戸以外の男性	江戸出身の女性	江戸以外の女性
81歳〜	0人	0人	0人	1人
76〜80歳	0人	0人	0人	1人
71〜75歳	2人	3人	0人	2人
66〜70歳	5人	5人	7人	0人
61〜65歳	7人	5人	7人	1人
56〜60歳	17人	7人	21人	8人
51〜55歳	15人	5人	17人	3人
46〜50歳	17人	11人	12人	8人
41〜45歳	19人	16人	20人	8人
36〜40歳	24人	16人	32人	11人
31〜35歳	24人	18人	37	6人
26〜30歳	26人	12人	31人	13人
21〜25歳	33人	4人	28人	7人
16〜20歳	26人	9人	33人	5人
11〜15歳	36人	7人	34人	5人
6〜10歳	33人	4人	39人	11人
0〜5歳	25人	1人	19人	5人

■江戸出身の男性の人数　■江戸以外の出身の男性の人数
■江戸出身の女性の人数　■江戸以外の出身の女性の人数

江戸東京博物館『常設展示図録［図表編］』（2017年）「男女出生地別年齢構成」をもとに作成

⑤江戸にあった時の鐘（➡P.26）の設置場所

竹内誠 監修『江戸時代館』（小学館、2013年）「時の鐘の設置場所」をもとに作成

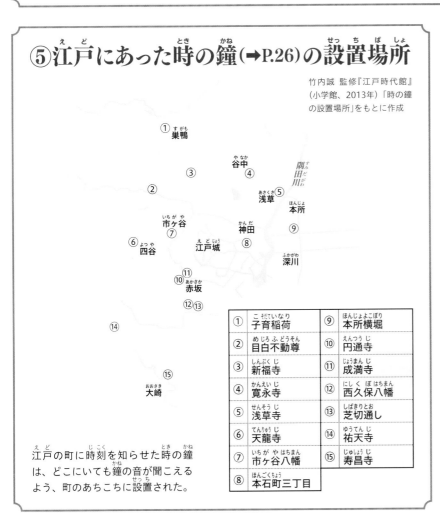

① 子育稲荷		⑨ 本所横堀	
② 目白不動尊		⑩ 円通寺	
③ 新福寺		⑪ 成満寺	
④ 寛永寺		⑫ 西久保八幡	
⑤ 浅草寺		⑬ 芝切通し	
⑥ 天龍寺		⑭ 祐天寺	
⑦ 市ヶ谷八幡		⑮ 寿昌寺	
⑧ 本石町三丁目			

江戸の町に時刻を知らせた時の鐘は、どこにいても鐘の音が聞こえるよう、町のあちこちに設置された。

⑥下り醤油（➡P.28）の流入量の変化

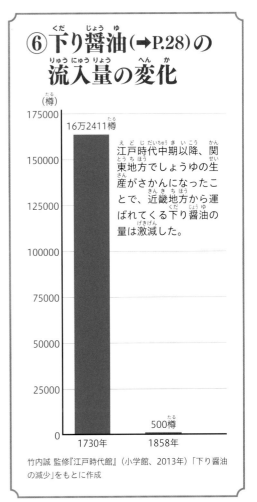

（樽）

16万2411樽

500樽

1730年　1858年

江戸時代中期以降、関東地方でしょうゆの生産がさかんになったことで、近畿地方から運ばれてくる下り醤油の量は激減した。

竹内誠 監修『江戸時代館』（小学館、2013年）「下り醤油の減少」をもとに作成

さくいん

ここでは、この本に出てくる重要なことばを50音順にならべ、そのことばについてくわしく説明しているページをのせています。

監修：小酒井大悟

1977年、新潟県生まれ。2008年、一橋大学大学院社会学研究科博士後期課程修了。博士（社会学）。2022年3月現在、東京都江戸東京博物館学芸員。専門は日本近世史。著書に『近世前期の土豪と地域社会』（清文堂出版、2018年）がある。

◆装丁・本文デザイン・DTP
五十嵐直樹・吉川層通・安田美津子
（株式会社ダイアートプランニング）

◆指導
由井薗健（筑波大学附属小学校）
関谷文宏（筑波大学附属中学校）

◆イラスト
佐藤真理子
川島健太郎（P.23）

◆図版
坂川由美香（AD・CHIAKI）

◆校正
村井みちよ

◆編集・制作
株式会社童夢

取材協力・写真提供

浅草神社／荒川区立荒川ふるさと文化館／一葉桜まつり・小松橋通り実行委員会／大川市立清力美術館／葛飾区郷土と天文の博物館／神奈川県立歴史博物館／株式会社デアゴスティーニ・ジャパン／キッコーマン株式会社／公益財団法人 紙の博物館／公益財団法人 東京都農林水産振興財団／公益財団法人 日本相撲協会／国立劇場／国立国会図書館／埼玉県立文書館／浄閑寺／新宿区教育委員会／津山郷土博物館／DNPartcom／東京都江戸東京博物館／東京都教育委員会／東京都公文書館／東京都立中央図書館特別文庫室／福井県交流文化部文化・スポーツ局文化課／福岡市博物館／三重県総合博物館

写真協力

株式会社フォトライブラリー／Minneapolis Institute of Arts／Rijksmuseum Amsterdam／Smithsonian Museum／The Art Institute of Chicago／The Metropolitan Museum of Art

江戸時代 ② 大百科

江戸の町と人々のくらし

あそびをもっと、
まなびをもっと。

こどもっとラボ

発行	2022年4月　第1刷
監修	小酒井大悟
発行者	千葉 均
編集者	崎山貴弘
発行所	株式会社ポプラ社
	〒102-8519　東京都千代田区麹町4-2-6
	ホームページ　www.poplar.co.jp（ポプラ社）
	kodomottolab.poplar.co.jp（こどもっとラボ）
印刷・製本	大日本印刷株式会社

©POPLAR Publishing Co.,Ltd. 2022
ISBN 978-4-591-17284-1 ／ N.D.C. 210 ／ 47p ／ 29cm Printed in Japan

江戸時代大百科

全**6**巻

セットN.D.C.210

監修：東京都江戸東京博物館 学芸員　小酒井大悟

◆社会科で学習する江戸幕府の支配体制や江戸時代の人々のくらし、文化などの内容に対応しています。

◆伝統工芸や伝統芸能など、江戸時代とかかわりの深い伝統的な文化についても知ることができます。

◆交通や産業、文化など、1巻ごとにテーマをもうけているため、興味のある内容をすぐに調べることができます。

◆多くの図表やグラフ、当時えがかれた錦絵などを活用し、具体的な数字やイメージをもとに解説しています。

小学校高学年から　Ａ４変型判／各47ページ
図書館用特別堅牢製本図書

江戸時代の おもなできごと

この年表では、江戸時代におこったおもなできごとを紹介します。★は文化にかかわるできごとです。

将軍	年	おもなできごと
家康	1600	●オランダ船リーフデ号、豊後に漂着。乗組員だったイギリス人ウィリアム・アダムズとオランダ人ヤン・ヨーステンが家康に面会。 ●関ヶ原の戦いで徳川家康ひきいる東軍が西軍をやぶる。
	1603	●徳川家康が征夷大将軍となり、江戸幕府を開く。 ★出雲阿国が京都でかぶき踊りをはじめる。
	1604	●幕府が糸割符制度を定める。
秀忠	1605	●家康が征夷大将軍を辞任し、徳川秀忠が2代将軍になる。
	1607	●朝鮮の使節が日本を訪れる。 ●角倉了以が富士川の水路を開く。
	1609	●薩摩藩の島津家が琉球王国を征服。 ●対馬藩の宗家が朝鮮と己酉約条をむすぶ。 ●オランダが平戸に商館を設置。
	1610	●家康がメキシコへ使節を派遣する。
	1612	●幕府が直轄領にキリスト教を禁止する禁教令を出す。
	1613	●仙台藩の藩主・伊達政宗が慶長遣欧使節をヨーロッパに派遣。 ●幕府が全国に禁教令を出す。
	1614	●大坂冬の陣。
	1615	●家康が大坂夏の陣で豊臣家をほろぼす。 ●幕府が一国一城令を定める。 ●幕府が武家諸法度と禁中並公家諸法度を定める。
	1616	●家康死去。 ●幕府がヨーロッパの商船の来航を平戸と長崎に限定する。
	1617	★日光東照宮造営。
家光	1624	●幕府がスペイン船の来航を禁止。
	1629	●紫衣事件がおこる。
	1631	●幕府が奉書をもつ船以外の海外渡航を禁止する。
	1635	●幕府が外国船の入港を長崎に限定し、日本人の海外渡航・帰国を禁止する。 ●幕府が武家諸法度を改訂し、参勤交代の制度を確立させる。

将軍	年	おもなできごと
家光	1636	●長崎に出島が完成。
	1637	●島原・天草一揆がおこる(〜1638)。
	1639	●幕府がポルトガル人の来航を禁止。
	1641	●幕府がオランダ商館を平戸から長崎の出島に移転させる。
	1643	●幕府が田畑永代売買禁止令を出す。
家綱	1651	●幕府が末期養子の禁を緩和。
	1657	●江戸で明暦の大火がおこる。 ★徳川光圀が『大日本史』の編さんに着手。
	1669	●蝦夷地でシャクシャインの戦いがおこる。
	1671	●河村瑞賢が東廻り航路を開く。
	1673	●三井高利が江戸で呉服店、三井越後屋を開業。
綱吉	1684	★渋川春海が天文方に任命される。
	1685	●徳川綱吉が最初の生類憐みの令を出す。
	1688	★井原西鶴『日本永代蔵』刊行。
	1689	★松尾芭蕉が『おくのほそ道』の旅に出発。
	1694	●江戸で十組問屋が成立。
	1695	●荻原重秀の意見により金銀貨幣を改鋳。
	1697	★宮崎安貞『農業全書』刊行。
	1702	●赤穂事件がおこる。
	1703	★近松門左衛門『曽根崎心中』初演。
家宣	1709	●綱吉死去。徳川家宣が6代将軍となり、間部詮房と新井白石が登用される(正徳の治)。生類憐みの令を廃止。 ★貝原益軒『大和本草』刊行。
家継	1715	●幕府が海舶互市新令(長崎新令)を定める。
吉宗	1716	●徳川吉宗が8代将軍となり、享保の改革がはじまる。
	1720	●江戸に町火消「いろは47組(のち48組)」設置。
	1721	●幕府が目安箱を設置。 ●幕府が小石川薬園を設置。
	1722	●幕府が上米の制を定める。 ●幕府が小石川薬園内に養生所を設置。
	1723	●幕府が足高の制を定める。
	1732	●享保の飢饉がおこる。
	1742	●公事方御定書が完成。
家重	1758	●宝暦事件がおこる。
家治	1767	●田沼意次が側用人となる。 ●米沢藩の藩主・上杉治憲(鷹山)が藩政改革をはじめる。
	1774	★杉田玄白・前野良沢ら『解体新書』刊行。
	1776	★上田秋成『雨月物語』刊行。
	1779	★塙保己一『群書類従』の編さんに着手。